华夏智库
金牌培训师
书系

右手 营销

左手 管理

企业赢利二元终极法则

刘湛泉◎著

ZUOSHOU **GUANLI** YOUSHOU **YINGXIAO**

QIYE YINGLI ERYUAN ZHONGJI FAZE

中国财富出版社

图书在版编目（CIP）数据

左手管理　右手营销：企业赢利二元终极法则/刘湛泉著.—北京：中国财富出版社，2013.7

（华夏智库·金牌培训师书系）

ISBN 978－7－5047－4717－4

Ⅰ.①左…　Ⅱ.①刘…　Ⅲ.①企业管理－营销管理　Ⅳ.①F274

中国版本图书馆 CIP 数据核字（2013）第 117952 号

策划编辑	范虹轶	**责任印制**	方朋远
责任编辑	刘淑娟	**责任校对**	杨小静

出版发行	中国财富出版社（原中国物资出版社）	
社　　址	北京市丰台区南四环西路 188 号 5 区 20 楼　邮政编码　100070	
电　　话	010－52227568（发行部）	010－52227588 转 307（总编室）
	010－68589540（读者服务部）	010－52227588 转 305（质检部）
网　　址	http：//www.cfpress.com.cn	
经　　销	新华书店	
印　　刷	三河市西华印务有限公司	
书　　号	ISBN 978－7－5047－4717－4/F·1962	
开　　本	710mm×1000mm　1/16	**版　　次**　2013 年 7 月第 1 版
印　　张	17	**印　　次**　2013 年 7 月第 1 次印刷
字　　数	244 千字	**定　　价**　35.00 元

推荐序

刘湛泉——引领中国实战化培训时代

"采用国际最先进教学方法，融故事性、趣味性与实战理念于一体，善于为企业管理把脉，有针对性地解决问题。培训方式独树一帜，机智灵活，巧妙迂回，深入浅出，深受业界好评。"这是许多听过刘湛泉讲课的学员给出的真实评价。

刘湛泉何许人也？凡是接触过他的人，想记不住他都很难。他是企业管理与市场推广专家、品牌策划实战操盘手、问题解决力模式创始人、中国式关系营销策划第一人，担任北京水波腾咨询机构董事长。其头衔还有北京大学特聘教授、清华大学 EMBA 特聘教授、国际职业培训师协会会员、央视《智者赢天下》栏目首席策划、中国注册策划师、中国策划联盟副秘书长、北京职工教育协会培训师专业委员会主任等，近年来获评"中国十大优秀咨询师""中国十大杰出管理导师""中国十大最具影响力策划师"并荣获中国策划诸葛亮奖等。

刘湛泉老师的培训日程可谓"紧锣密鼓"，今天给国家政府机关培训《魅力领导者》，明天可能给国有企业讲解《管理者的执行力》；今天在北京、天津，明天可能就辗转杭州、昆明……多年来，他为 800 多家党政机关、企事业单位进行过培训或咨询，受众达 150 多万人。所到之处，人气飙升，不少人直呼"说到心坎上了""很解渴""早该听听这样的课了"……

1

在研究管理与咨询学问上，刘湛泉摸爬滚打了26年。他心诚意笃地沉浸在中外管理学、成功学、古典文学、现代文学、心理学、哲学等领域，并对《黄帝内经》《易经》积淀了独特的领悟。兼收并蓄各类知识并融会贯通，使他的视野开阔、思维缜密、幽默风趣、言谈犀利、切中要害，凝练出了具有东方管理艺术与西方管理科学的全新思想构筑——中国导师型管理体系，以此指点商战风云、激扬创新智慧、调动内核动力、感悟处世之道……刘湛泉的"凌烟功臣少颜色，将军下笔开生面"，给受众带来了一个全新的人生境界。

针对不同受众的需要，刘湛泉主讲课程包括《魅力领导者》《中国式关系营销》《打造高效狮狼营销团队》《提升领导者问题解决力》《口能过人——提升语言表达能力12招》《品牌管理与年度营销规划》《中小企业如何破局突围》等29类课程。所到之处，受众掌声不断，现场高潮迭起，大家幽默地说，听刘老师的课有"三难"：现场想睡觉很难，学不到东西很难，交不到朋友很难。

对增强企业品牌影响力与核心竞争力，刘湛泉总结出"关系营销""网状策划""横向营销及错搭宣传""创意由头激活媒体炒作""异业联合，多点促动"等原创性的有效运作方法。主持或参与操盘的典型案例包括茅台王子酒区域品牌定位、招商策划，欧莱雅大中国产品策略、渠道招商，中粮集团中宏公司战略整合、品牌策划，华北油田管理咨询、团队培训等。他指导与服务过2000多家民营企业，帮助上市的企业有21家，跟踪服务最长时间的已有11年。从企业组建到上市，对企业进行管理咨询诊断、项目VIS设计、年度战略规划、市场研究、实战培训等，为企业的战略发展带来了创新动力。

发现需求是机会，满足需求是成功。"听我的课，只要大家能记住其中一句或有所感悟，并实际应用就有价值了。"刘湛泉微笑着说，"当前最需要培训的是培训师，只有具有了足够实力的培训师，才能带出更多更好的学员。"

　　每天大脑像马达一样不停地转动，一场接一场的培训，刘老师承受得了吗？不要紧，他有"独家秘籍"——"雷鸣五步发音法"。这套发音法他不仅自己使用，而且传授给学员，可实现"语言21天改变计划"，让人拥有"另一种声音"。不少学员练习后，感觉"口能"实现了质的飞跃。

　　《左手管理　右手营销》是刘湛泉老师多年培训实战经验的总结。他回答了企业在发展中最需解决但最难解决的两个问题：管理和营销。管理和营销解决好了，企业问题自然而然就解决了。本书中刘湛泉老师针对企业遇到的问题，会给读者一一解答，相信本书的出版会给培训界以及整个营销管理界带来头脑风暴。

中国网记者　王林强　钟膳蔚

2013 年 3 月

前 言

企业赢利的终极法则：管理和营销

企业赢利的终极法则是什么？是管理和营销！

通过有效的管理可以增强企业的运作效率，可以让企业有明确的发展方向，并激发出每个员工的潜能。通过有效的企业管理，还可以使企业资本结构合理、财务清晰，并为顾客提供更好的产品和服务，从而最终实现企业经济效益的增长。

同样，营销在企业中起着关键作用，甚至有人说营销不是企业成功的唯一因素，却是企业成功的关键因素！有人对美国250家主要公司做过调查，调查中的大多管理人员认为公司的第一任务就是制定市场营销策略。当今，市场如战场，哪一家企业能把营销做得更好，哪家企业就掌握了战争的主动权；谁拥有了一支高素质的营销团队，掌握了营销的手段，谁就能提高胜利的概率，并成为市场中的翘楚。

完全可以说，管理与营销是企业赢利的二元终极法则。但可惜的是，并不是所有的管理者都懂得管理之道。因此，在企业的管理中，他们面临着一系列问题，并给企业造成一系列损失。比如，有些领导不懂得政令畅通的沟通智慧，致使企业上下闭塞，员工心智涣散，不能朝着共同的目标去奋斗；有些领导知道结果为王的重要性，却没有掌握如何使员工做到结果为王的方式和方法，致使结果为王成为一句口号，而失去实际的重大意义；有些领导不能很好地做到识人用人，致使企业内的骨干员工纷纷离职

1

跳槽；还有一些管理者不懂得激励技巧，致使企业内的员工成为"按钮式"员工……

当然，也并不是所有的管理者都懂得营销之道，这也给企业发展造成了严重损失。比如很多管理者不明白销售人员应该具备哪些营销特质，于是不能对销售人员展开有针对性的培养；有的管理者不懂得如何去建构完美的营销体系，致使企业没有一个有向心力的营销组织。当然，除了管理者不懂营销之道外，很多销售人员自己对销售之道也并不知悉，这在一定程度上也给企业带来了损失。

要知道，管理与营销是企业赢利的二元终极法则。管理者只有掌握了最佳的管理之道，才能打造出一支高素质、高品质的最佳管理团队，才能带出一支高素质的员工队伍，才能为组织的成功奠定坚实的人才基础，才能保证企业拥有持续的生命力。企业负责营销的管理人员，只有建立起完美的营销体系，打造出完美的营销作战模型，才能为组织打造一支战无不胜、无往不利的营销铁军。企业的销售人员只有具备了营销高手必备的5种能力，掌握了营销实战的八大力器，明白了杠杆营销的终极法则，才能成为最卓越的销售骨干，才能为企业作出更多业绩，真正成为企业业绩的发动机，成为企业最受欢迎的员工。

本书最大的心愿就是帮助管理者提升领导力，让他们真正明白企业的管理之道，进而打造出一支高素质、高品质的最佳管理团队；帮助营销管理人员掌握营销之道，使他们通过学习，能够打造出一支战无不胜、无往不利的营销铁军，使所有渴望成为卓越销售骨干的营销人员梦想成真。

牛顿说，自己之所以看得更远，是因为站在巨人的肩膀上。我们也真心希望，借助本书，所有的管理者和销售人员都能超越现在，成就卓越。

本书能在较短的时间内出版，真诚感谢秦富洋、方光华、陈德云、刘星、曾学庆、李志起、杨勇、李高朋、孙汗青、陈春东、张旭婧、王京

刚、陈宁华、王军生、辛海、蒋志操等人在制图、文字修改以及图书推广
宣传方面的协助。

作 者

2013 年 3 月

目 录

〰〰〰〰

上篇 左手管理 打造高素质、高品质的最佳管理团队

下篇　右手营销　打造战无不胜、无往不利的营销铁军

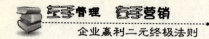

上篇

左手管理

打造高素质、高品质的最佳管理团队

第一章　立身修德

——打造管理者的优秀品质

管理者的心智修养：虚极静笃、仁义、觉悟

大哲学家老子说过"万物生于有，有生于无"，他提醒人们能改变这个世界的正是观念与思想，而观念和思想是一个人心智修养的一部分。也就是说，一个人的心智修养决定着一个人对周遭世界的认识。美国麻省理工大学（MIT）斯隆管理学院资深教授、国际组织学习协会（SOL）创始人、主席彼得·圣吉在其著作《第五项修炼》里也提到，一个人的心智模式不仅决定着他如何认识周遭世界，还影响人们如何采取行动。

管理者由于在管理活动中的主导地位，决定了其自身的心智修养对于提高企业管理效益的关系重大。如何提高管理者的自身修养，即管理者如何在日常的生活与工作中不断加强自我修养的锻炼，日益受到人们的关注。

那么，对于一个优秀的管理者而言，他应该要具备哪些思想修养呢？起码要有以下三种。

1. 虚极静笃

什么是虚极静笃？老子在《道德经》里有"致虚极，守静笃"，意思

就是要求管理者坚持清静与无为，进一步讲就是管理者要顺应自然之道，顺应发展规律，减少心中的欲望，不过分作为或者肆意妄为。在这里，老子强调的清静与无为是一个整体，其清静为表，无为为里。

我们都知道在管理中，浮躁是管理的大敌。管理者为什么浮躁？主要是因为他们心中有欲望甚至欲望过度，这种欲望是出于管理者的主观奢望。在这种主观奢望的驱使下，管理者往往会弃自然之道——发展规律于不顾，仅仅凭个人意志作出违背规律的决断和行为，最终丢失了"静笃"，给管理者和企业带来不应有的损失。这样的例子比比皆是。

吴志剑，曾为深圳政华集团总裁，一个为了个人欲望不择手段的投机分子、一个喜欢沽名钓誉的天才企业家、一个在这个时代注定要失败的人。

从1985年2月下海到1995年，吴志剑已经拥有了一个下辖数十家公司、总资产28亿元的政华集团公司。但2009年2月，他在深圳受审，原因是在贪欲的驱使下，他采用了造假骗贷这样一个屡试不爽的手段，诈骗金额超过了6250万元人民币。

吴志剑失败的原因并不复杂，他不是失败于战略投资失误，也不是失败于经营策划失误，他最大的失误就是他的贪欲，在过度欲望的驱使下，他铤而走险。

有人说，贪婪就像火，不去遏制会把自己烧死；私欲就像水，不去遏制会把自己淹没。贪欲，是一种恶劣欲望。当一个人一头扎进贪欲时，他便会无视法律法规，明知是犯罪却不顾及后果。而守法本身是一个企业家必备的道德和修养，更是保证企业活动正常运转的基础。不守法，企业就等于自断发展后路。

所以，管理者必须要学会守静无为。因为只有管理者懂得了守静无为，树立了辩证的认识观，在看待问题时，才不会任由个人的主观意志，心胸才会豁达清静，才不会被繁杂事物的表象所迷惑。

管理者也只有用辩证的思维指导管理活动，才不会给企业带来伤害。才不会在管理实践中像一些企业的管理者那样沉迷于人治管理思想之中，才不会只想着靠自己"有所作为"去管理企业，以致犯"不知常，妄作凶"的错误，给企业带来不良后果。

2. 仁义

仁义是人们相处的最高道德准则，其本义是友爱、互助、同情。《孙子兵法》里讲"宽厚仁义"是一种谋略、一种战术，这种战术若运用得好，就会真正起到"软兵器"的作用，其功能一点也不输"硬兵器"，能真正达到维护自己"集团"利益的目的。引而申之，宽厚仁义，是为"君"者很重要的领导力和领导素质，只有"君"对于自己的"将"真正做到宽而待之、信而待之，"将"才能真正成为自己的得力助手，才能心甘情愿地为企业"冲锋陷阵"，自觉地为企业作出自己的贡献。

孔子说："君待臣以敬，臣事君以忠。"这里的"敬"可以等同于"仁义"的意思，只有管理者对自己的"将"以"仁"待之，以"义"养之；"将"才能"事君以忠"，上报企业，下护员工。

俗话说，"守业更比创业难"。对于管理者而言，不管是创业还是守业，提升自己的各项修养以完善自己的领导力这是必备素质，而其领导力包括两方面：一个是"硬权力"，即管理者的行政任命权；另一个就是"软权力"，即管理者个人的仁德修养。

孔子说："为政以德，譬如北辰，居其所，而众星拱之。"这里的"德"是指管理者个人的修养，讲得更具体一点就是管理者对自己的员工要有一颗关爱之心、包容之心。企业中每个员工都有缺点，管理者不能因为员工的一点点错误或缺点，就将其一棍打死，先做到"仁之义尽"，后再采取"先礼后兵"的策略，如此树立起来的个人"软权力"才能让员工真正信服。

3. 觉悟

觉悟是一个管理者的重要素质。在管理学界有三大名言给人以深刻的启示——智力比知识重要，素质比智力重要，觉悟比素质重要。

可见，觉悟力对一个管理者的重要性。无数经验证明，认识和改造客观世界难，认识和改造主观世界更难，尤其是认识并改造自身的缺点更是难上加难。正是基于这个意义来说，没有觉悟力的管理者是最危险的管理者。

事实上，所谓的领导力问题，首先应该是觉悟问题。求知、领悟最后才是行动，一个领导若缺乏觉悟力，那他的行动力也不会太强，缺乏了行动力，一个人没能力也便不配当领导者。

那么，管理者如何提升自己的觉悟力？

觉悟意味着学习，先学才能先知先觉。所以，对于任何管理者来说，首先应该成为一个好学者。无论在何时何地，管理者都应该把学习当成是一种信仰，放下官架子，放下成见，虚心地向任何人学习，而不是向一些不合格的管理者那样放不下架子，不虚心学习，最后把自己前进的路堵死。

管理者的责任修养：为天地立心，为生民立命

"为天地立心，为生民立命"，这是宋代大思想家张载的名言，也是告诉每一个为官者要敢为民立命。同样，应用于现代管理中，它是告诫每一个企业管理者要树立强烈的责任感和担当精神。

对于一个管理者而言，什么才是其最重要、最根本的素质？学历？能力？经验？还是别的？是责任心！责任心才是一个领导者最根本的素质。

一位名人曾经说过："人们一切的行为都是在责任心之后。"松下幸之

助也曾说过："站在领导立场的人，首先就要确立自己的责任，实现自己的责任，尤其要将使命感牢记在心。"

作为一个管理者，从很大程度上来说，需要高能力、多经验，但这些都不是最重要的，最重要、最需要的还是"责任心"，责任心才是一个管理者的根本。

一个管理者是一个团队的灵魂，他的一言一行直接影响着全体员工，因此，从这个角度来说，一个管理者有没有责任心，不仅仅是个人行为，他的一次不负责的行动，不仅直接给团队带来损失，更直接影响着全体员工的责任心。相反，如果一个管理者非常有责任心，做每一件事都很负责，并一切从企业的整体利益出发，那么，他的员工也会在他的影响下，不轻易做有损于企业的事情，甚至主动以他为榜样，主动承担责任。

管理者的责任心是其被重用的基础，也是其成事的基础。只有一个具有高度责任心的管理者，在临危受命时，才不会推脱责任，才能经受住一切考验，成长为企业最需要的人才。

郭为，被誉为最具影响力的50位商界领袖之一，现任神州数码控股有限公司董事局主席。作为联想集团的少帅，郭为几次临危受命。

1990年，郭为年仅27岁，时值联想分公司体系状况非常不好，郭为临危受命，负责整顿全国18家分公司。他要面对的是异地"已经烂掉的队伍"。

在整顿的过程中，有压力更有威胁，很多面临被撤职的总经理威胁郭为，要把他扔到嘉陵江去，甚至还有人拿郭为的家人作威胁。

郭为也是常人，也会担心自己家人的安危，但出于高度的责任感，郭为更坚定一个信念——我就是堂堂正正做人，我做的事情都可以拿到桌面上和你面谈，你要是来歪的斜的，我就用司法手段和你较量。就这样顶住压力和威胁，郭为硬是把18家分公司整顿下来。在这之后，郭为成了全公司很"强势"的人，他再也不是人们眼中那个只会"吹喇叭"的宣传员。

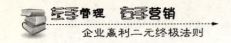

1994 年，郭为又一次临危受命，接过联想大亚湾科技园区的半拉子工程，面对着大亚湾大片的荒地，郭为感觉自己有点像铁人王进喜。

此次任务，各种矛盾错综复杂，特别让郭为感觉为难的是，他根本借不上力，借不到任何资源，只能完全靠自己。

为了减少损失，郭为一方面自学土建，另一方面学习完全独立运作一件事情，他负总责，所有问题都得自己扛。不仅如此，此时的郭为还要抵御各种诱惑，经受很多考验。"我几千万元、几千万元地像水一样往外花钱，确实有人拎着手提箱给我送钱。"但为了企业的声誉，他抵住了各种诱惑和考验。

终于，他坚持了下来，园区的投资效益明显好转，七年后，他为公司收回了全部投资。

1996 年，香港联想出现了亏损，郭为又一次临危受命，当时联想在香港有 14 个子公司，单单郭为一个人就管了 11 个……

如今，郭为在管理中已感到如鱼得水。他说，具体到每一项工作，承担者必须做到让上级、同事完全放心，这体现出一种高度的责任感。

优秀的人才在性格、心胸、知识程度上可能完全不同，唯一相同的就是他们都有很强的责任心。很多管理者都希望自己的员工有强烈的责任心，要知道员工的责任心是可以培养的，如果管理者以强烈的责任感做表率，员工多半也会以高度的责任感要求自己。反之，如果一个管理者缺乏责任心，做事不负责任，那么，他所带领的员工一般工作主动性和积极性也不会太高，责任心也不会太强，甚至相互扯皮、推诿，所谓"上梁不正下梁歪"说的就是这个道理。

红豆集团董事局主席周耀庭在一次干部会上谈道："市场经济的特征是竞争，全体员工必须要有强烈的责任心，集中精力，认真工作；市场经济就像打仗，管理者就是将军，将军如果在马背上睡觉，就打不了胜仗。"

这个简单的比喻告诉大家，一个企业要在市场经济中取胜，全体员工必须具备高度责任感，作为企业的管理者，更应该带好头，而不是不负责任地"在马背上睡觉"。由此可见，责任心不仅是一个管理者的重要素质，也是一个企业稳定并不断在激烈的竞争中胜出的根本所在。

对于任何一个想长远发展的企业来说，他们要选择的首先肯定是具备"责任心"的管理者；对于一个合格的管理者来说，他们要做的就是自觉培养自己的责任意识，增强自己的责任心，负责任地做好企业内的每一项工作，从而不断体现自己的价值。恰如著名的学者爱默生所说："责任具有至高无上的价值，它是一种伟大的品格，在所有价值中它处于最高的位置。"

那么，具体来说，管理者应该怎样培养并不断增强自己的责任心呢？

首先，管理者要明确责任的概念。责任就是分内应做好的事。一个人做好了分内事，才能称之为尽责。每个管理者的职责不同，负责任的管理者一方面会努力做好自己分内的事；另一方面，他们也懂得为没做好的分内事承担责任。

其次，分清责任与机会的关系。一个人越是懂得承担责任，就越能获得良好的发展机会。没有一个企业会把重担交给一个不负责任的人。因此，管理者应尽快走出负责任的误区，在工作中杜绝此类借口："这不是我的错""这项工作和我无关""我已经尽力了，这不能怪我"……

最后，从每一件小事开始做起，自觉地做出表率，让大家一起负责任，为企业培养一支负责任的团队，并通过积极、正面力量的传递，为企业打造更多负责任的员工。

管理者的性格修养：上善若水，夫唯不争，故无尤

《老子》云："上善若水，水善利万物而不争。"意思是说，最高境界的善行应该像水的品性一样，泽被万物而不争名利。

清代人申居郧在《西岩赘语》中说："居家能糊涂，是大聪明人；事事求个分晓，便是真糊涂人。"凡事都想争出个谁是谁非，只能徒增烦恼，更何况有些事情根本争不出谁是谁非。要知道，团结人最好的办法就是不争——最善的人所作所为正因为有不争的美德，所以没有过失，也就没有烦恼之说。

老子的"不争论"，用在管理当中，也一样奏效。管理就是借力，管理者作为一个单位的领导，要使管理回归简单，就必须要和下属、员工打成一片，如此，企业或部门才能心往一块想，劲往一处使，才能让企业具有强大的凝聚力。这就要求管理者把握一点——"不争"：不与上司争名，不与同事争功，更不与自己的下属员工争利。否则，管理者的心态肯定会失去平衡，肯定不会做出满意的决策，不利于企业或部门的发展。

1. 不与上司争名

与上司争名是中层管理者和基层管理者的大忌。对一个企业整体而言，上级与下级的关系并不是简单的相加，而具有整体的相关性。从一定意义上来讲，上级最主要的工作就是做出正确的决策，下级就是全力执行，全力把上级的决策做成功。

在执行的过程中，很多下级会因为贯彻得力取得好的成果，有成果必然会得到组织和上级的肯定，得到相应的回报。这时，很多基层的管理者会直接给老板打电话，告诉老板自己的上级怎样怎样，然后罗列出自己的一大堆成绩和贡献。这个基层管理者无非是想让企业的老板知道自己的业绩，告诉老板事情的成功只是他自己努力的结果，不关自己上级的事。

要知道，大多数情况下，这种做法只会适得其反。与自己的上司争名，一方面显示你的越级，说明你对自己上司的不尊重；另一方面也说明你的心胸气量比较小，这很容易引起高层领导的反感，最终不利于个人的职业发展。而真正优秀的管理者在对待上级时能做到：尊重礼貌不恭维，服从领导不盲从，友好亲近不庸俗，恪尽职守不越位。

2. 不与同事争功

好的管理者都明白，要做成一件大事绝不是靠单个人、单个部门的一次设计、创意就能简单达到，而是一个组织共同协同的结果。在组织中，"与同事争功"最明显的表现就是在需要大家共同作战的时候，部门与部门间互不买账——有功名，大家你争我抢；有责任，大家你推我躲。

这种现象的背后其实是个人内心深处的"嫉妒天性"在作怪。嫉妒是人与生俱来的弱点，但这种弱点并非完全不能控制，优秀的管理者要做的就是克制自己的嫉妒心，做到心平气和地面对功名之类的东西。

在一个企业内，要避免管理者之间互相争功，就要建立"相互求助的开放系统"，对那些相互间合作良好的部门给予及时的鼓励，并完善连带责任制度，规定涉及合作的各个部门都有责任，这样可以减少责任的推诿。

从管理者自身来说，管理者要学会与同事相互协调，必要时还要学会妥协，用自己掌握的资源为组织整体作出贡献。

总之，对待同级，卓越的管理者要尽量做到：坦诚相待不隔阂，互相信任不猜疑，彼此包容不争斗，相互团结不拆台，真正用自己团队的力量和智慧为企业的发展作出贡献。

3. 不与下属争利

老子有云："江海所以能为百谷王者，以其善下之，故能为百谷王。"意思是江海之所以能够成为百川融汇的地方，是因为它总是处在低下的位置。效仿江海的善下之性，管理者要想在工作中做到居为人上，就必须先甘为人下，居上谦下。

如何居上谦下？老子总结了管理者居上谦下的表现："欲先民，必以

身后之。"意思是说管理者在利益上要谦下，对下要有退让的品质。很明显，退让也好，谦让也罢，无非是想告诉所有管理者不要和下属争利。

管理者要真正做到不与下属争利，具体就要做到以下两点。

（1）和下属分享成功

在团队取得成功之后，很多管理者总喜欢把功劳揽在自己身上，这种做法只会伤害员工，挫伤他们的工作积极性，降低管理者自身的魅力指数。

孙强是一家杂志社的主编，一次，由孙强主编的杂志在国际大赛的评选中获了奖。这让孙强兴奋极了，逢人便说自己的努力与勤奋，但慢慢地，孙强变得不再兴奋了，因为他发现曾经和自己一起战斗的同事们都在有意无意地疏远自己。

后来，经过一位退休领导的指点，孙强才意识到自己犯了"独享成果"的错误。他及时地向全体同事道了歉，这一举动才让孙强又一次得到了同事们的认可。

一个优秀的管理者一定要时刻牢记功劳是下属的，没有大家的努力，自己便不会成功。在取得成绩时，管理者若能及时地把成绩归于下属，不仅能使自己的形象得到提升，更能获得下属的信任，让他们更加死心塌地跟随你。

（2）允许下属的异议

在管理中，管理者和下属间难免出现异议，异议出现了，有些领导不管下属的意见是对是错，固执己见，非让下属按照自己的思路去做才甘心。实际上，合格的管理者懂得尊重下属的异议，懂得包容下属的个性，做到"和而不同"。

美国成人教育家卡耐基说过："天底下只有一种能在争论中获胜的方式，那就是避免争论。"老子说："夫唯不争，故无尤。"只有轻利而不争，才能避免过失。天之道是利而不争，圣人之道是利而不争，同样，卓越管理者之道也是利而不争，如此人法地、地法天，天人才能合一。

"不争"是卓越管理者的优秀性格之一，管理者只有站在组织的立场去思考问题，使个人服从组织服从规律，而不是一切管理活动仅凭个人意志，如此才能不给企业留下祸患，并保证企业的顺利成长。

管理者的"绝四"修养：毋意、毋必、毋固、毋我

《论语》中有"子绝四"之说，"绝四"即毋意、毋必、毋固、毋我，在这里，孔子杜绝了四种弊病：毋意——不悬空揣测；毋必——遇事不专断、不任性；毋固——不拘泥固执、不死板；毋我——不自以为是。

这"四毋"是孔子的修身之道，也是当代企业管理者应该修炼的道德标准，更是一个成功管理者在决策时必须遵行的思维观和方法论。

"毋意"的意思是一切要以事实为依据，而不是凭空主观臆断。"毋意"进一步来讲就是没有调查就没有发言权。

毛泽东曾说过没有调查就没有发言权，管理者也是决策者，如何确保决策及时、正确并有效实施，始终是管理者的重要任务之一。要想做出正确的决策，关键不在于决策工具，而在于领导者深入实际，调查研究，这更凸显了一个管理者具备"毋意"修养的重要性。

那么，管理者如何在工作中做到"毋意"？重点是要走访、要调研，要把实际功夫放在调查研究和亲历亲为的行动当中。

好的管理者绝不仅仅是坐在办公室听汇报的管理者，他们会坚持"走出去，请进来"。走出去亲自了解下情，直面下属的诉求，直面员工的事业需求，并深入指导其工作、矫正其错误；走出去调查外情，从而不断解放思想，并在对比借鉴中取人之长，补己之短。

"毋意"是任何优秀管理者必须具备的修养，因为只有建立在"行"基础上的"思"才能思得科学、思得准确，才能保证企业按规律办事，那

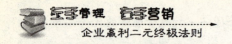
种凭空猜测、拍脑门决定的做法是任何管理者都不能要的管理理念。

"毋必"即不专断，对事物不能完全肯定，也不能完全否定。说得具体一点就是，在事情未发生前不要断定必是这样或者必是那样的结果。

一位非常优秀的教师曾经形象地阐述过孔子的"毋必"——"当你举起教鞭的时候，请你考虑一下，没准你的教鞭下有瓦特，没准你的教鞭会把中国的瓦特不经意扼杀了；当你给学生冷眼的时候，请考虑一下，你的冷眼下有没有牛顿，没准你的冷眼能把他的热情冻结了；当你讥笑学生的时候，请考虑一下，你的讥笑会不会扼杀一个爱迪生……所以，请不要过早地就对孩子作出评价，这样只会伤害孩子的自尊心和自信心。"

同样，对于一个管理者而言，在工作中也要做到"毋必"。不要一棍子就把某事某人打死，要用辩证的、一分为二的哲学观去处理各种事物。

有一个例子是这样的：

一个企业准备上市，企业的"一把手"亲自操刀这个项目，但企业的"二把手"经过论证和考量后，觉得此时并不适合上市，上市时间最好往后延迟一下，但企业的"一把手"却断定此时才是上市的最佳时机。结果因为上市时间不对，公司差点被拖垮。

还有一个例子：

一位管理者觉得某位员工工作不卖力，总是狠批他，这个员工做解释，他就认为是对方在找借口。无奈，这个员工最后跳槽到了另一家公司，后来这位管理者从其他同事口中得知这位员工的表现非常出色，并且在不久前还升了职。

可见，管理者有时也要"怀疑"一下自己的判断，要克服偏激的思想和过激的行为，坚持科学的评估，以平衡和谐的原则为出发点，不要犯"不是彼，就是此"的错误。

"毋固"即不固执己见。孔子坚持"毋固"的追求，主要有两层含义：一是万事万物不是一成不变的，我们不能用固有的观点和静止的眼光看问题，要学会"变"或者"变通"；二是不固执就要敢于打破自我封闭，能够给别人以表达自我意见的机会，同时，还要善于多渠道地听取其他人的意见。

有一个电视台约某位明星录制节目，按照原先的计划明星要穿某品牌赞助的衣服，可明星到现场后才发现自己并不喜欢该品牌的款式，她拒绝换装。一时间，双方陷入了僵持。后来有个很聪明的人提议，请明星穿两套衣服拍摄，自己的一套、指定品牌的一套，这样穿插起来既不会影响拍摄效果也不会得罪赞助商。听了这个提议，明星和电视台各让一步，结果拍摄非常成功。

现在企业讲究的也是合作精神，所以无论身居何位，管理者都要学会"变"——有变则通，这也是儒家所谓的"中庸之道"。

此外，要做到"毋固"，还要求管理者善于听取别人的建议和意见。毕竟，一个人的知识结构、工作能力和社会阅历都是有限的，只有不断听取各方意见，管理者才能不断进步和提升，才能避免刚愎自用、故步自封。

"毋我"即不为我独尊，不以"自我为中心"，处处能考虑别人的感受，甚至把"唯我"做成"忘我"。管理者也是企业的领导者，应该坚持一切以集体、以团队利益为出发点。不要独乐乐，而要众乐乐。如果管理者能做到一切从全局出发，一切以全体员工的利益为出发点，而不计较个人得失，那么，这样的管理者必能引领企业和员工走向成功。

孔子的"四毋"，值得我们当今的管理者借鉴，正所谓"修己正己，修己安人"。管理的起点是修己，而终点是安人。管理者若能做到"四毋"，必能建立起人格魅力和人格力量。而人格力量的渗透是构建领导威信的重要途径。用"四毋"标准严格要求自己，这样的管理者怎能没有人格力量，怎能不成为引导企业正向能量的典范，怎会不被员工爱戴？

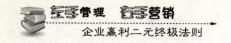
管理者的厚德载物：和顺于道德而理于义

美国著名的领导学家孔茨说："领导是一种影响力，是一种对人们施加影响的艺术和过程，从而使人们心甘情愿地为组织目标努力。"那么，领导者的影响力到底从何而来？换句话说，领导者或者管理者到底用什么来影响下属，进而使他们心甘情愿地为企业主动奋斗？

很多管理者非常看重自己手中的权力，他们认为必须利用职权对下属实施严格的奖惩，才能在下属心中树立威信，形成影响。但无数事实证明，这只是很多管理者的片面想法——因为你是上级，员工们就心甘情愿地去工作吗？因为你能对他们实施奖励或者惩罚，他们就心甘情愿地去工作吗？当然不是！

如果我们试图从西方的领导学理论中找到关于"领导者的影响力到底从何而来"的答案，我们无非会得到诸如"表率力""参照性权力"等一类的词汇，这些词汇不但专业，甚至还会让很多管理者感觉摸不着头脑。那么，我们到底该如何解答"领导者影响力到底从何而来"这个问题？当我们无法从西方的领导学理论中找到满意答案时，我们不妨把目光转向我国传统的儒家、道家等学说，这会让管理者豁然开朗。

孔子有云："为政以德，譬如北辰，居其所而众星拱之。"什么意思？意思即说管理者要推行德政，就像天上的北斗星一样，群星自然会围绕着它转动。这句话很明确地指出了管理者的影响力主要来自于他的"德"政，而不是他手中的政令和权力。

孔子还说过："道之以政，齐之以刑，民免而无耻；道之以德，齐之以礼，有耻且格。"意思是说，管理者若用政令和刑罚来对下属施加影响，虽能让下属不敢犯错，但下属的内心并没有羞耻之感和悔改之意；但管理者若用道德礼乐的感化力量来对下属施加影响，下属就能由衷地接受，并自觉改正。

《易经》里说："和顺于道德而理于义。"意思是用道德和礼义教化使人民和顺、社会治理。

可以看出，不管是儒家思想还是《易经》中所倡导的思想，都不主张通过权力或者刑罚来使下属产生畏惧之心，从而达到管理效果；他们更主张通过管理者自身的道德修养来感化人、影响人，使人们自觉地认识到事情的好坏。

由此可见，领导者要想提升自身影响力，只盯着自己手中的权力是远远不够的，更关键的是要不断提升自己的德行修养，充分发挥自身的道德表率作用。

事实上，"德政"的思想不仅影响了我国历朝历代。在当代，德政思想同样具有极强的指导意义，很多"儒商"的成功都证明了这一点。比如，新加坡前总理李光耀是儒家学说忠实的信奉者和实践者，他的成功举世皆知；日本"经营四圣"之一稻盛和夫敬仰中国圣贤智慧，坚持"以德经营"，创建了两家世界500强企业——"京瓷"和日本第二电信电话公司。他在总结企业成功之道时，始终认为儒家的"以德为本，敬天爱人"思想是其企业成功的关键秘诀。

可惜的是，在现实中，很多企业领导者并不能认识"德"的重要性。他们认为，虽然"德"是中国传统文化中的关键词，但在当今的市场经济中，并不需要"德"。因为随着人们活动的日益复杂，社会上存在一种"老实人吃亏"的现象，这让很多管理者觉得与其因为有"德"吃亏还不如"无德"赚钱。不言而喻，这肯定是一种错误的想法，"老实人吃亏"的现象或许有，但在法制经济的今天，这种现象肯定不会长久，他们终究会因为"缺德"而受到法律的制裁。特别是现代信息传播水平极高，对任何企业来说"丑事传千里"已不是夸张的说法。

管理者有无"德"，企业经营的效果完全不同。我们看到那些用敌敌畏来泡火腿的企业、那些用避孕药来养鳗鱼的企业、那些用陈年馅来做月饼的企业、那些用自来水来灌纯净水的企业、那些用催长激素来喂养家禽的企业……无不在市场竞争中纷纷倒下，那一批批"问题富豪"无不纷纷落马。相反，若一个管理者有"德"，它会催生一个人产生高度的责任感——一种对企业发展和社会发展都有利的责任感。有一个典型的例子颇能说明这个问题。

河南泌阳县有一家国有水泥厂，前前后后换了十几任厂长都未摆脱企业的亏损局面，却不想，这家企业在农民王义堂手中起死回生，并成为当地屈指可数的利税大户。原因何在？用王义堂自己的话说，他的能力和水平未必有别人高，但经营好一家企业的关键往往不在于管理者的水平，而更多在于他的"德行"。一个有德的管理者才不会失职、渎职，才不会因为利己主义和享乐主义滥用权力谋取一己私利，才能正确处理个人和集体、社会的利益关系。

德，人之本也，中国的传统文化历来高度推崇道德在人类生活中的地位和作用。同样，德也是企业生存之本，任何一个想要取得长远发展的企业，也应该自觉以道德为依归。

《左传》中有"三不朽"事业之说，其顺序是："太上有立德，其次有立功，其次有立言。"这里将德行的塑造放在第一位，其次才是建功立业、著书立说。足可见，德的重要性。此外，企业经营管理者道德素质的重要性还在于它对企业员工的影响，所谓"其身正不令而行，其身不正虽令不从"，正是这个道理。

那么，作为领导者，到底应具备怎样的德呢？一般来说，管理者的"德"包括：

诚实——不欺骗他人，不隐瞒，不夸大其词；

正直——不搞歪门邪道，堂堂正正做人；

守信——说到做到，让别人觉得可以信赖；

忠诚——对领导忠诚，对组织忠诚，不做有损于组织的事情；

责任——主动承担责任，不推诿不逃避；

公平——不偏不私，公正地对待每一个人；

尊重——包容异议，尊重别人的个性，做到"和而不同"。

总之，企业的道德水准取决于管理者的道德水准，管理者如果能不断加强自身的道德修养，不断在企业中发挥道德表率作用，必然能够赢得员工的爱戴、追随和效仿，企业内也不难形成清正廉洁之风，企业的凝聚力必然会大大加强。如此，企业的可持续发展便可实现了。

管理者的自强不息：穷理尽性以至于命

《周易》乾卦中有象曰："天行健，君子以自强不息。"这是对一个企业管理者提出的最基本的要求，它要求管理者必须坚强，以坚定的意志和高瞻远瞩的眼光带领下属克服一切困难，去实现既定的目标。

管理者的自强不息是组织的生命源泉，他们的不屈不挠、积极奋进是企业所有员工的精神支柱。对于大部分员工来说，能在一种只争朝夕、努力进取的环境氛围内工作，是他们的愿望，特别是如果管理者能够自强不息，这更能让员工感受到一种伟大精神的感召，他们对管理者更愿意服从，认为管理者具有一种时代精神，这正是让他们感到为之骄傲和自豪的。

我们说生命中难免痛苦和挫折，尤其是对于企业的领导者来说，在成立企业的过程中，更是痛苦与挫折相伴，要想取得成功，没有自强不息的精神是绝对不可能的。

俞敏洪，国内英语培训头牌学校新东方的创始人。在一次演讲中，他说："忍受孤独的能力是成功者的必经之路；忍受失败的能力是重新振作的力量源泉；忍受屈辱的能力是成就大业的必然前提。忍受能力，在某种

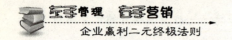
意义上构成了你背后的巨大动力，也是你成功的必然要素。"一个人能忍受孤独、忍受失败、忍受屈辱正是他自强不息的表现，而正是因为有了这种自强不息的精神，一个人才能走向成功。

关于俞敏洪的创业经历，在《东方马车——从北大到新东方的传奇》中有详细记录。其中最令人难忘的就是其中对俞敏洪一次醉酒经历的描述。

俞敏洪那次醉酒，缘起于新东方的一位员工贴招生广告时被竞争对手用刀子捅伤。他意识到自己在社会上混，应该结识几个警察，但又没有这样的门道。最后通过报案时仅有一面之缘的那个警察，将刑警大队的一个政委约出来"坐一坐"。

他兜里揣了 3000 元钱，走进香港美食城。在中关村十几年，他第一次走进这么好的饭店。他在这种场面交流有问题，一是他那口江阴普通话，别别扭扭，跟北京警察对不上牙口；二是找不着话说。为了掩盖自己内心的尴尬和恐惧，劝别人喝，自己先喝。不会说话，只会喝酒。因为不从容，光喝酒不吃菜，喝着喝着，俞敏洪就失去了知觉，钻到桌子底下去了。

同事和警察把他送到医院，抢救了两个半小时才活过来。医生说，换一般人，喝成这样，回不来了。俞敏洪喝了一瓶半的高度"五粮液"，差点喝死。

他醒过来喊的第一句话是："我不干了！"学校的人背他回家的路上，一个多小时，他一边哭，一边撕心裂肺地喊着："我不干了！再也不干了！把学校关了！把学校关了！我不干了！……"

他说："那时，我感到特别痛苦，特别无助，四面漏风的破办公室，没有生源，没有老师，没有能力应付社会上的事情，同学都在国外，自己正在干着一个没有希望的事业……"

他不停地喊，喊得周围的人发怵。

哭够了，喊累了，睡着了，睡醒了，酒醒了，晚上 7 点还有课，他又像往常一样，背上书包上课去了。

　　实际上，酒醉了是很好对付的，但是精神上的痛苦就不那么容易忍了。醉了、哭了、喊了、不干了……可是第二天醒来仍旧要硬着头皮接着干，仍旧要硬着头皮夹起皮包给学生上课去，眼角的泪痕可以不干，该干的事却不能不干。

　　就这样，一路高唱着"从绝望中寻找希望，人生终将辉煌"的俞敏洪，在打倒一个又一个困难和挫折之后，终于迎来了新东方学校的蓬勃发展，2006 年 9 月 7 日俞敏洪又迎来了新东方教育科技集团在纽交所上市，他成了当之无愧的"中国最富有教师"。

　　从绝望中寻找希望——这就是一种自强不息，有了这种自强不息的精神，管理者才能在失败中不惧煎熬。万通控股董事长冯仑说伟大是熬出来的，但"熬"却能赋予人最优秀的品质。

　　冯仑在其文章《痛苦终会转化为营养》中说："熬的过程很痛苦，但痛苦是男人必须经历的东西，而且男人还被赋予了四个优秀品质来度过这段痛苦的煎熬。这四个优秀品质，一个叫毅力，一个叫勇敢，一个叫包容，一个叫智慧。

　　"什么叫毅力？别人认为痛苦的时候、看不见光明的时候，你看见了黑暗尽头的光明。

　　"什么叫勇敢？当你勇敢的时候会奋不顾身，会做出超出常人的举动。共产党说敢于胜利，我心想胜利这件事谁不敢，后来发现前面有一句话是勇于牺牲，你只能勇于牺牲才能敢于胜利。

　　"什么叫包容？把所有的是非恩怨搁你肚子里消化。

　　"什么叫智慧？不随波逐流，能看到别人看不到的层面。

　　"这些品质都不是朝夕能成的，需要不断磨砺。

　　"美国有一个军校的口号很有意思：给我一个男孩，还你一个男子汉。

我看过他们的培训，男孩在军校里不断被摧残，不断进行超乎常人毅力的训练。我相信，这样的男人，当他 30 岁、40 岁的时候，经历的苦难和对人生的咀嚼，对是非世界的看法累加到一定程度的时候，浓度够了，自然会显现出宽容、从容、淡定和智慧。"

《易经》中由至圣先师孔子作的《说卦传》里有一句话——"穷理尽性以至于命"，我们可以这样理解：穷究天下一切事物的道理，发掘了解其本性，洞明人类的"德性"，达到"天人合一"的境界，改善人类命运，实现人与自然界的和谐平衡，生生不息。在这里，命，是一种状态、是一种过程、是一种结果。当然，在"命"这个漫长的过程，我们可能会经历很多痛苦和挫折。但只要你自强不息，今天所有的痛苦都会转化为营养。

第二章　天人合一

——大胜靠德的管理之道

以"和"为贵：组织追求的最高境界

当下，各种管理理念和方法满天飞，虽然形式不一样，但所有管理理念和方法内在的规律和原理是相同的，那就是追求以和谐为贵。

孔子在《论语·学而》中提到："礼之用，和为贵。先王之道，斯为美，小大由之。有所不行，知和而和，不以礼节之，亦不可行也。""礼"属于儒家管理手段或方法方面的内容，就管理的目标而言，孔门主张贵和。孔子早就认识到，只有"和"才能够凝聚力量，成就事业。他们还提出"和也者，天下之达道也"，即"和"是天下万事成功的必然法则。

《礼记·乐记》云："和故百物皆化，序故群物皆别。"即"和"能使万物化生，生机勃勃。孟子也有："天时不如地利，地利不如人和。""人和"才有力量，企业才有凝聚力。在企业中，人际关系的和谐与否直接影响着每一个员工的工作态度、效率、积极性以及个体的心情。只有和谐的人际关系才能使所有人协调一致，才能保证劲往一块使。员工只有在和谐的环境中工作，才能充分发挥自己的所长，并且凝聚起来，增值人力资本，为企业创造更多效益。

"和"造大事，战国初期著名的军事家吴起非常强调"和"的价值，他说:"有道之主,将用其民,先和而造大事。"英明的君主要发动民众去参战,必先搞好团结,有团结才能取得胜利。事实上,"先和而造大事"并不仅是军事斗争的原则,更是企业在激烈竞争的市场上击败对手的不二法则。

那么,管理者如何营造以"和"为贵的组织氛围?

1. 和众先修己

著名的学者曾仕强在《中国式管理》里阐述了"修己、和众、安人"的管理思想,其中"修己"即自我管理,"和众"是进行组织管理的重要手段和工具,"安人"是最终目的,它是经由和众实现的。"修己、和众、安人"是一种大"和",是辩证的、统一的。

其辩证关系是这样的:管理者只有先做到修己,然后才能和众,最后达到安人的目的。为什么说修己是和众、安人的基础?管理者只有修己,才能起到上行下效的作用,修己在于促进组织成员的自觉、自律与自主。有一点需要强调,如果管理者的修己是为了独善其身,那就谈不上管理。管理是和众的过程,通过第一步的修己唤起员工的自主意识,基于人人自觉,各安其位,各司其职,大家才有可能"和合为一"。

2. 信任是和谐的基础

实行和谐管理的组织应当以信任为基础。当然,这里所谓的信任必须是双向的,即组织信任员工,员工信任组织。

信任,对员工而言,是一种最好的激励;而对于管理者而言,则代表一种能力。每一位员工都渴望被信任。有信任,管理者才愿意放权,才愿意把重要的任务交给员工去做,才能用任务去激发员工的成就感。在信任的氛围中,员工一般更会竭诚相报,这即是"士为知己者死"的道理。可以说,信任是团队员工主动积极的主因。管理大师杜拉克说过:"今日组织的基础不再是权力，而是信任。"

同样，员工对管理者的信任是建立两者之间和谐关系的基础。当员工对组织和团队成员有信任感，并且他相信自己会受到公平的对待时，他就会更愿意以最大的热情和最大的努力去投入工作，给企业创造更多业绩。

此外，组织对员工信任，也有利于营造一种开诚布公的工作环境，在这种环境下，员工有异议可以公开表达，可以坦白说出自己的真心话。员工以信任为基础，才有可能针对问题进行发自内心的开放性的全面讨论，才能化个人不满为具有建设性意义的意见。如此，企业内才能形成多元而不相冲突的和谐工作环境，并形成高效的具有合力的团队。

需要指出的是，孔门主张"贵和"，并不是无条件的，他们主张理性地追求普遍和谐，而且"和"必须"以礼节之"，即他们所谓的"和"并不是无原则的"知和而和"，而是懂得"和而不同"。

孔子指出，君子应"和而不同"，应该懂得协调各种不同事物，懂得取长补短，而不是盲从附和、简单认同。同样，管理者在管理中，也应该做到"和而不同"，懂得协调不同的员工，有自己的主见，而不是只懂得征求员工的意见，更不是盲目听从。

坚持有原则的"和"，还要求管理者做到"和而不流"。什么是"和而不流"？即意味着管理者坚持原则，不做企业的"老好人"，绝不随波逐流。

在现实中，很多管理者为了追求表面上的"和"，即使问题不断，他们也会"睁一只眼闭一只眼"，弃企业的规章制度于不顾。这种做法只有害没有利，如果任由此类现象持续下去，必然会导致企业内正气日衰、邪气日长，最终危及企业的生存和发展。因此，对每一位管理者而言，"和而不流"都应成为其修身准则。

"和"是管理的最佳境界，松下幸之助说："事业的成功首先在人和，公司上下能不能团结一致，往目标努力，是企业成功与失败的关键。"当一个企业内充满钩心斗角，管理层与员工之间关系紧张、员工与员工间矛盾激化时，这个企业注定会走下坡路；相反，当一个企业内高度团结，管理层与员工间关系和睦、员工与员工间关系融洽时，这个企业很容易走上黄金发展之路。俗话说"一根筷子容易折，十根筷子坚如铁。"组织只有以和为贵，才能真正拥有高度的凝聚力和竞争力。

以"仁"为本：组织发展的优秀基因

"仁"是《论语》伦理哲学的中心范畴与最高道德准则，一部《论语》中"仁"出现过 105 次。什么是"仁"？"仁"有"友爱"之意，即"仁者，爱人"；"仁"又有"忠恕"之意，即"己欲立而立人，己欲达而达人"；"仁"还有"克己"之意，即不能有私心、不能欲望膨胀，更不能不择手段。可以说，"仁"是友爱、互助、同情之意的合体。

儒家提出实行"仁政"，即要求管理者以民为本、重视人心。什么是以民为本？就是要求管理者做到替员工着想，能够分一点爱给员工，有爱心，"仁"强调的是对人的关注与尊重。管理者以"仁"为本才能给予员工真正的激励，才能充分调动员工的积极性，才能凝聚人心，打造出一支向心力极强的团队。可以说，管理者以"仁"为本是组织发展的优秀基因。

我们都知道，企业的发展离不开制度的制定，如何让企业的制度得到员工的认可并使员工自动执行呢？从"仁"的角度出发，这就要求每一个管理者在日常待人处事尤其是制定制度时要替员工着想，站在员工的角度想一想这个制度是不是合理。只有一个替他人着想的规章制度才会获得他人的支持，制度的执行才会事半功倍。

"仁"还体现了儒家的人道主义和自律精神。同样，在市场经济条件下，也要求管理者要讲人道主义，即从剥削、压榨转变为真正的人文关怀。事实上，管理者致力于塑造"仁爱"形象，对企业来说也是无形的资产。

遗憾的是，很多管理者明知道"仁"的重要性，但在管理中，却并不能真正做到"人性化管理"。他们一方面鼓吹"以人为本"，另一方面却在具体的管理手段上又完全违背人性化管理。

笔者曾经听朋友讲过一个案例，一家企业业绩不断下滑，2013年上半年，还差一点倒闭，但企业的老板却始终想不明白为什么。现在我们就来看看这个老板的做法。

这家老板可谓是充满仁爱之心，今天安排员工去看望孤寡贫困老人，明天又忙着为灾区捐款，后天又给员工这样那样的美好承诺。在所有外人看来，这位老板的所作所为真可谓是"仁至义尽"，他真应该算是一位非常有爱心的"仁义之人"了。如此看来，这位老板应该非常得人心才对，可实际上这位老板实在不得人心。为什么？原来他在鼓吹"人性化管理"的同时却做着"金玉其外，败絮其中"的假仁管理——实际上，他对员工非常苛刻，给员工的承诺不仅兑现不了，还经常随意让员工加班，甚至在法定节假日，他有时还会强行命令员工加班，却不支付一分一文的加班费。有时，他还会任意处罚员工，动不动就罚款；最可恶的是，这位老板还肆意决定员工的去留，甚至是高级管理人才的去留。短短两年的时间，在他手里就换掉了三批人，其中还包括两个总经理。如此假仁假义的老板，企业不失败才怪！

在现实中，有很多管理者都像案例中的老板一样，他们只是将企业文化中的仁义悬挂于墙上，并不将其实践和执行，没有执行只停留在口头和纸面上的仁义就是一种假仁假义，就是一种言不由衷，这种管理只是一种远离人性化的管理。要知道，真正得人心的管理绝非如此，人性管理是实实在在的爱心管理，从来不是"假仁义假道德、假爱心假善举"就能掩盖的，那种对外一套，对内一套，压榨员工的做法从来不是企业能持续发展

的长久之计。

那么，管理者在管理中，到底如何做才是真正的以"仁"为本呢？

1. 管理者要做到"仁政"，首先心中要有他人

也就是懂得换位思考。每一个管理者都想自己的企业能够取得长远发展，同样，不断进步、不断有所发展也是每一个员工的心愿。要使员工不断发展，管理者首先要满足其物质需求，如满足员工的福利待遇、工作保障、工作环境、安全保障、各种保险等。总之，管理者应尽量为员工排忧解难，只有为员工解决掉后顾之忧，员工才能全身心地投入工作。其次还要不断给予员工培训和学习的机会，满足其自身不断升值的需求。

2. 仁者，要富含包容之心和宽仁之意

很多企业的员工经常会觉得管理者过分苛责压制，不够宽容。管理者的不宽容一方面表现在当对员工执行制度时，不能做到"情、理、法"兼容，对于员工的无心之过总是耿耿于怀；另一方面管理者喜欢盯着员工的弱点和不足不放，喜欢"哪壶不开提哪壶"，只看到别人的短处，不能欣赏别人的优点，这样只会破坏组织精神。

人非圣贤，员工难免有过错、缺点，面对员工的缺点和过失，管理者应秉持一颗宽仁之心，在原谅其过错的基础上，看到员工的长处，将其长处发挥到极致，这远比盯着短处不放要聪明得多。要知道，一个管理者若能多实施仁政，对员工的激励效果将是难以估计的。

3. 对待员工要真诚

什么是真诚？所谓真诚既要"真"又要"诚"，就是说管理者对员工要实心实意，和员工的感情不掺假，最起码不会两面三刀或笑里藏刀，不会对员工说一套做一套。

仁政思想，其实就是一种民本位思想。从更深层次来看，这种思想的背后是对每个生命个体的尊重。管理者如何在管理中做到尊重每个生命个体？首先，管理者要看到每个员工的不同才能，做到因材施教，而不是对一些能力稍差的员工进行全盘否定；其次，管理者要尊重员工的个性，不要一看到某些员工标新立异或者有自己的想法或意见，就开始打压，甚至恶意攻击，所谓宰相肚里能撑船，器度大且能容人，是"真人性"管理者一个非常明显的标记。

"仁"是管理者具体管理过程中所体现出来的一种精神，这种精神要求管理者胸怀员工，能像对待自己的亲人一样对待被管理者。企业施行仁政可以凝聚向上的精神，可以形成强大的企业文化。仁政是一种无形资产，管理者若能将仁政运用得融会贯通，那将会大大提升企业的资产实力。

以"义"育人：培养组织团队精神和凝聚力

"义以生利"是孔子提出来的管理命题，在孔子管理思想中，"义以生利"的思想几乎贯穿于他整个行为管理的全部过程之中。他主张崇尚德性，并坚信义是实现德的途径之一。孔子认为一个人的得失利害都要受到义的制约，做人应该"见得思义""先义后利""重义轻利"，而不应该"见利忘义"。

那么，"义以生利"的思想是否可行和有价值？在这里我举一个大家都知道的故事——"冯谖焚券"的故事来说明这个问题。

冯谖是齐国执政大夫孟尝君的门客。有一次，孟尝君派他到封地薛邑去收债。临行前，冯谖问孟尝君："收齐债后，我买些什么东西带回来？"孟尝君说："你看看我家里缺什么，你就随便买点什么吧。"冯谖到了薛邑，假传孟尝君的命令，把债券验对后，当着百姓的面，就把债券烧了，

百姓们当场高呼万岁。

冯谖回来后，孟尝君问他买了些什么，冯谖说："我看你这里并不缺什么，只是缺少义，于是我就用债券给你买回了义。"又过了一年，齐王不再重用孟尝君，孟尝君只好回到自己的封地。让他没有想到的是，与以往回去不同，在距离封地还有一百里路的时候，百姓们就出来迎接他了。此刻，孟尝君对冯谖说："先生所给我买的义，今天才看到真正的好处啊！"

这是一个义可以生利最简单最通俗的案例。

义可生利，所以，从管理的角度，儒家强调先义后利的行为追求，就是管理者不应该把"利"，即个人的物质利益作为考虑问题的出发点。为什么呢？荀子曰："先义而后利者荣，先利而后义者辱；荣者常通，辱者常穷；通者常制人，穷者常制于人。是荣辱之大分也。"意思是：首先讲义而后得到利的人是光荣的，首先讲利而轻视义的人是耻辱的。前者无往而不通，后者却会处处受困；前者常常令他人折服，后者却常受制于他人。这就是荣辱之间的巨大区别。

现为美国固铂轮胎中国区总经理的辜思历（Alex Koi），在其职业生涯中，非常擅用中国式管理思维，他相信管理者最需具备的素质就是"义"。他说，在管理中，仁义必不可少，其中"仁"可以放小一点，但"义"一定要有。因为过分仁慈不好做事，"仁"要适度。"义"一定要有，"义"就是说话算话，碰到问题，绝不推诿，敢于承担责任，不抛下自己的员工不管。讲"义"的管理者最能让下属信任。相反，如果一有问题出现，管理者就想到骂人，就想到推卸责任，甚至还一个劲想满足自己的利益，这就是不仗义，这样的管理者是绝对不会得到下属信任的。下面我们就来看一个反面案例，这个案例能够很直接地说明以上观点。

"有了错，员工担着，有了功劳，经理领着。"这是大齐策划公司内部非常流行的一句话。

这是怎么回事？

原来，最近公司出了一些业务问题，企划部在为一个美国进口产品设计包装时，将其中的几个英文单词翻译错了，这一错，不但导致所有印刷的包装错了，就连产品说明书和宣传手册也都错了，对公司来说，这是一个严重的错误。

老板生气极了，找来企划部的经理李强，李强一进老板的办公室就开始抱怨："真是气死人了，我早就告诉他们一定要校对，再校对，结果还是出了这么大的错误，老板你放心，我会尽快处理的，设计小金总是马马虎虎，还有文案老张也是糊涂，真不知道他们每天都在忙什么，连校对工作都做不好，我一定会严肃处理他们。"

实际上，人人都知道企划部的制度是：设计进行一次校对，文案进行二次校对，经理最后把关进行第三次校对。而当天，因为李强忙着办自己的事情，省略了第三次校对，就这样只进行了两次校对，李强就签字并通知文案老张，可以印刷了。

最后，小金和老张被扣除了当月的全部绩效，并且通报批评，至于李强，非常值得一说，当月部门的奖金，李强拿走了65%，其余的35%，由企划部其他的十几个人平分。

于是，公司内部就开始有了上面那句非常流行的话。

案例中李强的行为是所有管理者的大忌。有了好处自己全拿，见到坏处就把自己撇得干净，都推给自己的员工或者是同事，这种管理者就是典型的"无情无义"者。一个"无情无义"的管理者，注定了不会有朋友，更不会有忠诚的员工！

哈佛大学公共领导中心的研究主任凯勒曼教授在其著作《坏领导》中说："在各种坏领导中有一种是'无情无义'。这种无情无义的管理者，凡事只管自己的利益，他们眼中完全没有别人，更不管自己所做的是否会伤害别人。这种人很快就会被其他人看破，没有人愿意和这样的人做朋友，

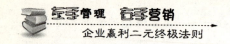

也不会有人愿意做他的下属员工，最后他们会众叛亲离，成为'独大'的一个人而已。无情无义比无能更糟糕，因为它已经接近邪恶等级。"

一个管理者能力稍差一点，并不是什么罪，只要他有情有义，愿意和下属一起承担责任，愿意和下属共同进步，他的缺点是可以改进的。怕就怕管理者的人品不佳，在管理中不讲半点"义气"，这样的管理者就会凭借自己手中的权力，吃定别人。他们只会把别人当成自己推卸责任的挡箭牌，甚至随便处理别人，用古语来说，这样的管理者就是"刻薄寡恩"。

一个"刻薄寡恩"的管理者，当然不会顾忌人与人之间应有的责任义理，在他们的世界里，也绝无道德可言。凯勒曼教授还指出，在无情无义管理者的领导下，其组织必然如一盘散沙，没有半点凝聚力可言，更做不出什么对的事情来。

以"礼"待客：获得良好信誉和互利互惠

"道之以德，齐之以礼"是孔子的经典管理思想。孔子不但主张"德治化管理"，强调通过道德教化来提高人们的道德自律性，使之自觉遵守社会规范，达到有序管理。同时，孔子还强调必须通过一定程度的强制手段来实现社会管理，这就要用到"礼"来约束人们的行为。

什么是"礼"？古代的"礼"具有政治法律制度、礼节礼仪、道德行为规范的内容，它有着重要的管理功能。荀子提出"隆礼重法"的管理原则，指出："礼者，治辨之极也，强国之本也，威行之道也，功名之总也。"可见，礼的管理价值和意义所在。

在社会主义市场经济条件下，在现代管理中，"礼"即礼节、礼貌、礼仪等。在今天，"礼"还有没有它的价值和意义呢？答案是肯定的。

儒家所强调的"道之以德"是一种突出内在控制的管理手段，而"齐之以礼"则强调以外在控制方式为主的管理手段。同样，"礼"作为外在的道德规范，对现代企业活动有着更广阔而丰富的内涵。

每个企业都是社会中的有机体，其组织成员是社会中的个人，企业成员只有严格遵循社会公共准则，才能成为充满礼仪的企业。而作为企业的管理者，更应以"礼"来规范自己的行为准则，这是成功管理企业的主要依据之一。

"礼"是一种规范手段，它是将人们在社会活动中的行为制度化了的准则，"礼"能协调各种社会关系，使之各安其分，从而实现和谐统一的最终目的。可以说，"礼"等同于制度保证。现代企业中的"礼"可以内化为内部人际关系、风俗习惯、精神风貌、行为准则等，它是企业生存和发展必须要自觉遵守的秩序和规范。这里所强调的秩序和规范并不仅仅是指企业在经营活动中所要遵守的各项法律法规，还包括作为社会中的一分子应该遵守的社会秩序。

以"礼"规范企业，实际上就是以制度规范企业，制度能规范人们的行为、思想，使企业处于井然有序的良好状态中，任何一个企业都应该有坚实的制度保障，如此，企业才具有强大的生命力。

同时，礼还可以外显为品牌、服务、公众形象、荣誉等。对任何一个现代企业来讲，竭诚为公众服务变得越来越重要。这是因为最真诚的服务是企业生存的保障和发展的条件。在竞争越来越激烈的今天，企业只有竭诚为公众服务，对消费者采取以礼相待的态度，尽力满足顾客的需要，才能不断受到消费者的赞誉和肯定，才能增强老客户的信心，并不断吸引新客户，如此才能维持企业的生存并使企业逐步发展壮大。越来越多的例子表明，在竞争激烈的今天，以"礼"为基础的管理，已经成为许多企业维持生存的保障和取得持续发展的条件。

此外，在激烈的竞争中，企业更应该遵守更高层次"礼"的规范，不论是采取何种形式开展营销活动，都必须严格遵守各项市场法规，自觉维护公平竞争的市场秩序，以共同发展促进市场的健康运行和平稳发展；不论企业采取何种促销手段，都应致力于提升管理和服务水平，积极地保护消费者的合法权益，履行好企业的社会责任。知礼行礼有利于树立良好的企业形象，获得良好的企业信誉，使企业获得更多社会支持。

"礼"之最原初的意义无非就是"恭敬"，孟子曰"丽人不大，反其敬"，意思是说对他人行礼，别人却视而不见，就要反过来想一下，是不是自己不恭敬呢？从这里，我们可以将"礼"引申到日常生活，那就是对别人的尊重。引申到管理中，管理者必须做到尊重员工。如何做到尊重员工？最主要的是关注员工的利益。

一个企业的老总说，自己公司的员工"没良心"，不忠诚，一年内走掉了三分之一还多，公司因此很难发展。有一天，这个老总找到了一位著名的管理专家，这位管理专家建议老总做一个员工满意度调查和员工离职原因调查。

结果很快就出来了：有超过一半的员工对公司的薪酬不满，经过这些员工调查，他们都发现自己的薪酬比市场收入低得多；有70%的离职员工说他们离开是因为在这样的公司看不到成长和晋升的希望；有超过50%的离职员工是因为他们的顶头上司太过苛刻，觉得这样的上司不值得跟随。

这个案例从表面上看是员工不忠，实际上，问题的本源却在管理者。如果管理者能够关心一下自己的员工，关心一下他们的物质需求和精神需求，员工也不至于纷纷离开。

在心理学上，有一个著名的定律叫互惠定律，即"给予他人就会被给予，剥夺他人就会被剥夺。"将这套理论应用到管理中，就是管理者关心员工，"礼遇"员工，员工就会更加死心塌地跟随管理者，从而竭尽全力为企业发展作出贡献。也就是说，管理者关心员工的结果其实就是关心自己。

由上我们可以看出，"礼"是企业获得良好信誉和互利互惠的重要途径。那么，对于一个企业而言，如何更好做到有"礼"呢？

孔子说，首先要"正名"，所谓"名不正则言不顺"，"正名"就是让其名实相符。具体来说就是要做到"君君臣臣父父子子"。引申开来，即什么角色身份的人就要有什么样子。就像日本住友公司的总理事小仓恒所说的："君君臣臣父父子子，是建立事业的第一条件，也就是人人尽本分、尽职责。"

此外，儒家还强调通过教化来达到"礼"。具体到企业内部实行礼治而言，即重视通过培训和不断学习让员工掌握有关规范、标准，以改善员工工作状态，让每一个员工都成为企业形象出色的"代言人"。

以"智"为先：勇于创新，不断进取

智即智慧，司马迁所说的"富者必用奇胜"和《孙子兵法》中提到的"以正合，以奇胜"，以及"攻其无备，出其不意"，都代表了一种智慧和谋略。

春秋战国时期的大商人计然、范蠡是智慧的化身。他们提出了"旱则资舟，水则资车"的反向思维，凸显了一种辩证式逻辑；战国时的魏国宰相、商祖白圭也是智慧的化身，司马迁评价白圭"乐观时变，人弃我取，人取我与"，这里的"人弃我取，人取我与"即是一种逆向思维，是智慧的表现。

其实，不管是"以奇胜"的"奇"，还是逆向思维，在古代称之为"谋略"，在现代企业管理中，我们将其称之为"创新"。

管理对一个企业的生存而言非常重要，管理者要管理好一个企业，首先要了解管理的特点，而创新性就是管理一个非常突出且重要的特性。

影响一个企业管理的因素是多种多样的，比如管理对象的复杂性、现代市场的多变性、管理环境的不定性以及企业员工各方面需求的不断变化等，要应对这众多不断变化的因素，管理者就必须要不断创新，"变则通、通则久"，否则企业就不能长久发展。

"现代管理之父"彼得·德鲁克曾大胆宣言："企业只有两项基本职能，那就是创新和营销。创新不仅仅包括技术创新，还包括产品创新、服务创新和商业模式创新等。创新对于一个企业的意义，怎么强调都不算过分。"

创新确实非常重要！乔布斯说："领袖和跟风者的区别就在于创新。"的确，没有创新只知道跟风，企业就没有独一无二的追求，这样的企业不可能走太远；相反，若一个企业具备了不断创新的能力，就能不断为企业注入新的活力，甚至在一个领域内独占鳌头。

在上海通用汽车的发展历程中，柔性化管理已成为通用的一道靓丽风景。

在当前，中国几乎所有汽车工厂都在采用一个车型、一个平台、一条流水线、一个厂房的制造方式的情况下，上海通用走出了一条另类的创新之路。在通用，最多可以一条线上共线生产四种不同平台的车型，这种生产方式就是"柔性化"生产方式，它在国内汽车企业里是绝无仅有的。

与普通的制造方式相比，上海通用的柔性化生产利用先进的信息技术，将单一的产品销售模式，改造成"物流、生产、销售、维修、配件、信息反馈"为一体的模式，真正完成了从过去的"生产什么就销售什么"向"按顾客订单生产"过度。在柔性化生产模式下，客户不仅是经营链的终端，更成为起点，大大缩短了交货时间，进而让通用"以用户为中心"理念真正深入人心，并为其步入全新的"定制时代"打下了坚实的基石。

可见，创新不仅是大企业的"加速器"，更是企业快速发展的利器。很多企业只会跟在别人的后面跑，而不懂管理创新，这样的企业多是短命的。要知道，在飞速发展的时代，"变"才是唯一不变的真理。不要指望依靠那种固定不变的常规型管理去适应时代，那早就过时了。管理者必须不断创新，把创新渗透于整个管理过程之中，并逐步用创新型管理代替常规型管理。

但可惜的是，并不是所有管理者都有不断创新的勇气。"这太冒险了！"很多管理者在面对新鲜事物和想法的时候，总会不自觉地冒出这样一句话。不可否认创新有一定的风险性，虽然我们无法将风险完全规避，但我们可以通过对规律的掌握，将创新的风险降到最低。

1. 确定自己的创新"战场"

大多数公司的成功经验告诉我们，创新的最佳着手点不能离企业的核心业务太远，要在企业的核心业务领域不远处。公司在确定自己的创新战场时，可以先回到以下三个基本问题：第一，我们现有的客户还有哪些更高需求？第二，我们的潜在客户在哪里？第三，企业的哪一环节最需要改进？通过回答以上三个问题，来识别哪里蕴涵着创新潜力。

2. 确定适合市场的战略战术

在确定了创新战场后，公司就应该着手研究怎样服务于这一特定市场。换句话说即公司必须根据市场的特点和自身具体情况来确定战略战术，使之能真正反映出所在市场的特点。可分析该市场在过往的十几项重大创新，尤其要重点分析那些起初认为必然成功但结果却惨遭失败以及那些起初并不被看好但最终却取得成功的案例。如此，通过对问题的分析，企业便可以获得一份自己的战术手册，确保公司获得不放过任何一个可以创新的机会。

3. 制订创新规划

在经过上面两个步骤之后，接下来就是制订创新规划。需要注意的是，在制订创新规划时，公司不要过早地逼迫创新团队做出详细的财务预测，毕竟在创新的早期阶段，创新的预测准确度较低；再加上如果按照财

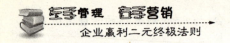

务的指标给项目排序，那些看似目标市场狭小、难以度量的项目很容易就被淘汰掉，这对颠覆性创新是非常不利的。因此，在创新早期，企业要把更多精力放在考虑创新项目在多大程度上与成功模式相符上。

4. 执行与调整

公司在开始实施新的创新战略时，需要鼓励员工不断根据实际情况灵活调整。创新也有正确和错误之分，当发现创新的方向错误时，管理者应带领员工抓紧时间并竭尽一切努力找到全新方式。

创新是企业管理之魂，没有创新企业就没有了自己的魂魄。创新同时意味着风险和失败，但失败并不可怕，很多时候，失败恰恰是创新的引擎，管理者要做的就是为不断创新营造一种宽容失败的企业文化和氛围。无数事实证明：给员工尤其是科技骨干以自由，为他们创造必要的条件，允许其犯错误，这样持之以恒，往往能创新出惊人的大成果。

以"信"为基：诚意经营，增值赢利

孔子既是儒家创始人，也是首位系统阐述"信"德的思想家。在孔子看来，信即是讲信用、守承诺，他觉得一个人只具备"仁、义、礼、智"四德，是不够的，还需要具备"信德"。

后来，孟子也讲到"信"，但其重点在于讨论"诚"，他将信与诚结合起来，认为通过"诚身"能达到"至诚"，最终取信于人。其后，荀子集孔、孟诚信思想之大成，首次将诚与信连用，并赋予"诚信"思想以真正的道德意义，使儒家诚信思想不断完善和成熟。

在儒家的眼中，诚信在治国安邦等方面具有特殊意义。孔子认为诚信是治国、立民之本，一个国家可以"去食""去兵"但不能无信，管理者只有取信于民才能得到民众之支持，政令才能畅通无阻。荀子特别提出了建立政治诚信的主张，强调当政者必须要有诚信品德。所谓"制号政令，欲严以威，庆赏刑罚，欲必以信""政令信者强，政令不信者弱"，即强调诚信对于当政者的重要性。其实，儒家关于诚信的重要论述，对于今天的企业管理仍具有很强的借鉴意义和启示作用。

对于任何一位管理者来说，只有被信任才能得到员工的支持，只有拥有员工的支持，管理工作才能顺利展开，而管理者自身所具备的诚信品德正是管理者取得被管理者信任的关键。

约翰·巴尔多尼在《领导者诚信是金》指出："诚信对于一位领导者来说至高无上。有了它，才能让管理者们到达'承诺之地'；没有它，他就会在期望失落的荒漠上徘徊不前。诚信一旦失去，也许就无法重新获得。因此，对于任何一位希望有所建树的经理，一大教益就是要保护好你的诚信，照顾好它，永远不要把它丢失。"足可见，诚信对于一个管理者的重要性。那么，管理者如何才能做到诚信呢？

对管理者个人而言，要做到守信，首先，很重要的一点就是不能轻诺。一个人如果习惯了轻诺，那这个人肯定也不能守信，更别说要获得他人的信任了。其次，管理者要做到诚信，就要对制度不折不扣地贯彻执行，不能朝令夕改，如此才能获得员工的信任。再次，管理者要善于反思，当别人不太信任自己时，我们首先应该反思一下自己的所作所为，检查一下自己的信誉账户是不是值得别人去信任。

孔子强调"信"是为人之本，也是经营之本。公司要取得消费者的信任，我们的品牌要成为一个真正的品牌，就必须要做到诚信。要在经营中做到诚信，就必须恪守信誉第一、用户至上、不欺诈、不出售假冒伪劣产品等原则，以此来弘扬企业信用和信誉。

笔者曾经在《21世纪经济报道》上看到一篇关于金风科技执行副总裁、常务副总裁李玉琢的故事。

1999年11月，李玉琢成为北京利德华福电气技术有限公司总经理。

在经历千呼万唤后，利德华福第一台高压变频器样机终于问世了。但对于这台机器，李玉琢并不满意。在此后的日子里，李玉琢开始为提高产品质量经受一系列惊心动魄的考验。

2000年年底，利德华福的高压变频器卖出去了三台，第二台和第三台都没有问题，可是卖给福州一家自来水厂的第一台机器却让李玉琢麻烦不断。最严重的一次是利德华福准备在该自来水厂开产品现场观摩会的前几天，公司突然接到消息：这台机器存在故障，可能无法运行了……

那可是利德华福精心准备的一场现场观摩会，他们准备邀请同行前去参观交流，一来是为了扩大宣传，更重要的是他们想让更多客户认可并尝试使用利德华福的高压变频器产品。会议请柬早已发出，此时机器却出了故障，等大家风尘仆仆赶来，看到的却是一台即将报废的机器，结果难以设想。

利德华福公司上上下下都急成了热锅上的蚂蚁，公司总工程师被火速派往现场。终于，经过全力"抢救"，故障排除了，观摩会如期召开。

可在会上，李玉琢的做法却让所有人吃惊。他向大家如实汇报了这台机器所曾经出现过的三次故障，并详细介绍了每一次故障的排除经过，和所有人想象的大赞自己的产品不同，李玉琢却坦诚地向客户说出了机器的故障。

后来的事实证明：李玉琢的做法是相当明智的———与其像别人一样遮掩产品存在的问题，不如坦诚向客户说明，并努力改进。利德华福得以在以后几年里迅速成为高压变频行业的领头羊，靠的正是过硬的质量和诚信的服务。

诚信经营关系着企业的可持续发展，关系着企业的生死存亡，树立诚信，有助于企业建立长期信任的客户关系。在经营中，企业若能做到诚实，并处处为顾客着想，带给客户实实在在的好处，那么，企业就会获得顾客的信任，从而赢得更多目标顾客，使自己的产品、自己的品牌更深入人心、有口皆碑。

不仅如此，树立企业诚信，还可以大大降低企业的成本。企业树立了诚信意识，可以获得更多经销商、顾客以及中间商的信任，这些人都可以帮助你做宣传，提高你所在企业产品的知名度，帮助你扩大产品的市场占有率，从而达到既能节约销售费用又能拓宽产品销路的"双赢"效果。

此外，树立诚信能提高企业形象，增强员工的满足感，使员工能够以公司为荣，这样更能够增强公司的凝聚力，于无形中给公司带来很大价值。

诚信经营的好处显而易见，那么企业如何做到诚信经营呢？

1. 加强员工的诚信教育

教育是实现企业诚信经营的一种有效手段。在经营中，管理者除了向员工传输诚信知识外，还应当根据实际工作设计教育内容，最好能通过丰富的案例形式告诉员工什么该做，什么不该做。当然，管理者还应该认识到诚信经营教育不会立竿见影，也不可能一劳永逸，而应该是一项长期性的工作。

2. 制定出严格的诚信经营细则

企业的诚信经营细则可以使企业更加明确自己的社会责任，在企业的诚信经营细则中应该明确企业该为客户做些什么，怎么做才符合诚信原则。企业制定诚信经营准则目的是要确保组织诚信和个体诚信的协调同步，促进企业的持续发展。因此，企业在制定诚信经营准则时，必须坚持从人性的要求出发，让员工能够愉快接受，并保证员工把企业的诚信经营准则转化为自己的自觉行为。

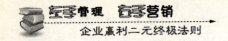
3. 强化企业的诚信经营奖惩机制

赏罚分明的机制可以确保在企业中形成一种良好的诚信经营环境，管理者必须确保建立一种赏罚分明的机制。例如，管理者可根据员工诚信经营的业绩、诚信经营的行为进行适当奖励，使诚信行为得到鼓励；当发现员工的行为违背企业诚信经营准则并给企业形象造成破坏时，应当给其必要的处罚。

第三章　上下同欲

——政令畅通的沟通智慧

良好的表达能力是沟通的基础：民为贵，社稷次之，君为轻

"上下同欲者胜"出自《孙子兵法》最著名的《谋攻篇》，意思是说军队作战上下同心，才会取得胜利。同样，在管理中，也要求领导者引导员工心往一处想，劲往一处使，为实现企业的共同目标而不断努力。

那么，如何做到"上下同欲"，最简单也是最有效的办法就是两个字：沟通。为什么说最有效的办法是沟通呢？

因为，在现代信息社会中，管理的核心和本质就是沟通，管理的难度和难题也是沟通的难度和问题。解决了沟通问题，管理者就等于抓住了管理的本质和核心。

那么，要做好沟通，良好的表达能力是必备条件。任何管理者要想带好人，处好事，管好物，就必须导之于言而施之于行。换句话说，管理的过程就是领导者立言立行的过程，在这个过程中，讲话贯穿于始终。离开了表达，管理活动无法进行，同样，一个不善于表达的管理者也不可能实现有效管理。

孟子曰："民为贵，社稷次之，君为轻。"意思是国君和社稷都可以改立更换，只有老百姓不可更换。所以，百姓最为重要。同样，要做好沟

通，表达对象、表达能力也是最重要的。古人云："片语可以兴邦，一言可以辱国"。刘勰在《文心雕龙》一书中有"一人之辩重于九鼎之宝，三寸之舌强于百万雄兵"之说，这都凸显了身为管理者拥有卓越表达力的重要性。

此外，一个善于表达的管理者能把群众情绪鼓动起来，生动风趣、机智幽默的谈吐不仅能感召被管理者，在"润物细无声"里达到管理目的，使组织内的人际关系更加和谐；还能彰显管理者的个人魅力。

杰克·韦尔奇曾说过："要想成为一名优秀的管理者，就要始终把口才放在第一位。"管理界也有"三大战略武器"之说，这"三大战略武器"是指舌头、美元、电脑。其中，舌头即口才，位居"三大战略武器"之首，这也足以说明口才之于管理的重要性。那么，管理者如何练就优秀的表达能力呢？

管理者要提高自己的语言表达能力，不妨从以下几点着手。

1. 找到自己出现语病的原因

很多人在说话的时候，总是语病百出，造成语病的原因是多种多样的。比如，有些人平时说话比较流利，一到正式场合就结结巴巴，这和心理紧张有直接关系；有些人想说的和说出口的并不一致，这主要是因为自身语言组织能力比较差造成的；还有些人之所以与人沟通不畅，是因为自身方言比较重，别人难听懂或者听不懂，直接影响了语言中信息的传达……总之，大家可以根据造成语病的不同原因，有针对性地改进，并树立起信心，相信自己一定能克服语病。

2. 朗读是训练语言表达能力的最佳方法

通过朗读可以加强人们对语言、语气、语调、语速的训练，有助于人们养成良好的语言习惯，提高人们的口头表达能力。朗读还可以培养人们的语感，经常朗读文章，可以增强对语言、语义以及语法的感受能力。此外，通过朗读，人们可以学到多种多样的表达句式，提高口语的表达能力。

3. 讲话之前做好准备

尤其是在开会发言之前管理者更应该提前厘清讲话的重点是什么、所需要的例证有哪些、听众是谁等信息，从而做到心中有数，有条不紊。许多管理者在讲话前，不习惯早做准备，结果所讲的内容没有主次轻重，要么"东一榔头、西一棒子"，要么就是在"乱打机关枪"，很容易就会使听众感到疲劳，也常常会被人打断！因此，做好一名管理者，讲话前的准备不可少，这样可以避免在演讲或者开会时讲话"胡子眉毛一把抓"。

当然，如觉得有必要，我们还可以将发言过程提前"预演"一遍，这样做的另一个好处就是可以有效消除你的紧张情绪。

4. 说话要做到有始有终

即做到有开头，有中间，有结尾，在表达观点的时候，每次尽量只讲一个主题，然后举出一个论据，在结尾时注意点题复述观点。

5. 不要"车轱辘话"来回说

很多管理者在讲话的时候，喜欢在一句话上大做文章，来来回回反反复复地在一句话上绕圈子，让人感觉空洞无味。要明确，我们讲话的目的是要向别人传达某种有用的信息，并且是尽可能全面地传达自己的信息，来回说"车轱辘话"那不能称之为全面，而只能称之为废话连篇。

6. 把握发音和语调的准确性

要练就良好的语言表达能力，把握发音和语调的准确性也是必不可少的。在工作中，如果管理者连普通话都说不标准，或者是语调没有轻重缓急，这很难吸引听众耐心地听下去。要锻炼自己的发音和语调，方法有很多，最常见的就是运用说绕口令来锻炼发音，用朗读来锻炼语调。

沟通作为管理活动和管理行为的重要组成部分，是企业和其他一切管理者最为重要的职责之一，拥有良好的语言表达能力，是顺畅沟通的第一步。但管理者也要明白，提高语言表达能力，绝非一朝一夕之事，这需要管理者在生活和工作中不断地积累和练习。

沟通系统等同于指挥系统：海纳百川，有容乃大

一位著名的企业家说，企业 70% 的问题都是由无效沟通引起。比如，企业常见的执行力差、领导力不强等问题，直接原因是由于下属对领导的期望或者目的不清楚造成的，但归根结底是因为上下沟通不畅造成的。如果管理者能在企业内建立起良好的沟通系统，确保及时有效地和下属进行沟通，就能让下属明白企业对他们的期望，激发员工不断前进。

耕柱是一代宗师墨子的得意门生，不过，他时常挨墨子的责骂。有一次，墨子又责骂了耕柱，耕柱觉得自己委屈极了。因为在众多门生中，大家都公认耕柱是最优秀的人，但偏偏只有耕柱最常遭墨子的指责，这让耕柱觉得难堪至极。

有一天，耕柱终于忍不住了，他找到墨子，愤愤不平地问："老师，难道在众多学生中，我竟这般的差劲，以至于时常遭您老人家的责骂吗？"墨子听后，毫不生气："假如我现在要去太行山，你觉得我应该要用良马来拉车，还是用老牛来拉车？"耕柱回答："再笨的人也知道要用良马来拉车。"墨子又问："为什么不用老牛呢？"耕柱回答："理由很简单，因为良马足以担负重任，值得驱遣。"墨子说："你答得一点也没错，我之所以时常责骂你，也只因为你能够担负重任，值得我一再地教导与匡正你。"耕

柱从墨子的解释中得到安慰，他明白了墨子对自己的责备是因为对自己重视，没了思想包袱，耕柱心中的不快一扫而光。

这个故事启示我们：管理者要加强内部的沟通管理，一定不要忽视沟通的双向性——管理者要有主动和下属沟通的胸怀；下属应积极向上沟通，敢于和管理者说出自己心中的想法。只有大家彼此都做到真诚沟通，双方密切配合，企业才能发展得更好更快。

当然，就沟通而言，一般向下沟通——管理者主动找员工沟通比较简单，难就难在如何确保向上沟通也有效。余世维先生曾指出，在很多企业内，存在向上沟通没有胆的现象。向上沟通没有胆从字面意思来解释就是下属向上级沟通时没有胆量，缺乏积极主动性。

"向上沟通没有胆"主要有两种表现：一是，员工自己有好的方案或建议时，不愿意或不敢向领导沟通。造成这种现象，主要是员工害怕被领导批评。有此种现象的员工一般有两种人：一种是缺乏自信，担心自己的建议或者方案提出后被管理者否定，使得自己最初的良好形象在领导面前大打折扣，因此，他们不愿意去做"无谓的冒险"，一些好的创意就这样被扼杀了；一种是过于自信，他们平时急于在管理者面前表现自己，但有时因为考虑不全面，当建议或者方案被否定几次后，他们就再也不愿意去作"无所为的贡献"。二是，在执行的过程中，发现潜在问题或者已经存在的问题不及时向上级沟通汇报。存在此种现象的也有两种人：一种是过分依赖领导的人，这类员工觉得领导的决定不会有错，即便是他们有自己的想法，也会先忽略掉自我想法，按照领导的想法先完成任务，当完成之后，如果发现完成得不合格，这类员工也不会太担心，反正天塌下来有领导撑着；另一种是我行我素型员工，这类员工大部分体现在"将在外，军令有所不受"，他们对上级的方案或部署即便是有意见也不喜欢沟通，并且他们喜欢按照自己的理解去进行操作，在执行中，若发现问题，他们更不敢沟通，而是采取一切办法极力掩盖，于是就出现了漏洞越补越大的

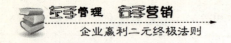

结局。

在企业内，"向上沟通没有胆"会严重阻碍企业的有效管理。长期以来，因为受等级观念、潜在自我保护意识的影响，很少有员工会主动找上级沟通，即使有，也很少有人会说真话、心里话。结果导致上下级之间的误会、隔阂和不理解越来越深，这非常不利于企业的发展。

美国著名未来学家奈斯比特曾指出："未来竞争是管理的竞争，竞争的焦点在于每个社会组织内部成员之间及其外部组织的有效沟通上。"要保证沟通有效，要克服"向上沟通没有胆"的障碍，最重要的就是要在企业内部建立良好的沟通系统。

有哪些方法能够建立有效的沟通系统并加强团队协作呢？

1. 沟通顺畅，必须从"头"做起

向上沟通的主要挑战是，鼓励员工提出自己的想法。要做到这一点，管理者最好是亲自宣传沟通的重要性，亲历亲为，如此，下属才会以领导为表率，底气十足地敞开来沟通。

2. 积极地聆听

聆听没有成本，也不需要付出代价，一个好的管理者一定是一个善于聆听的人。管理者聆听员工的不同意见或者建议，会产生更多新的想法和创意。积极地聆听一线市场人员的想法，会让管理者的思路更贴近市场状况，发现问题盲点。此外，管理者的积极聆听也会让员工感受到尊重和得到认可，使沟通更加平等，增强员工的主人翁精神。

3. 合理运用非正式沟通

非正式沟通是未经计划的。其形式如非正式的会议、走动式交谈、闲聊、吃饭或聚餐时进行的交谈等。与正式沟通相比，非正式沟通少了很多

约束和压力，增加了有效沟通的开放性。人们在压力小的环境下进行交流，更容易畅所欲言和相互激发，从而活跃沟通氛围，调动员工的沟通积极性。

4. 健全沟通渠道

过去，很多沟通方式都被孤立运用。现在，管理者必须把它们放在更大的环境下考虑，尽量将不同的沟通方式整合到一个统一的、多层次的沟通平台中来使用。

除了面对面的沟通方式之外，我们还可以借助多种渠道来沟通。比如电子邮件和员工活动，比如视频会议和即时讯息。还可以建立信箱、员工论坛、短信平台、服务网络等多种新的沟通渠道，使员工能够以自己最擅长的方式进行最佳的沟通，从而提高沟通效果。

5. 建立完善的沟通反馈机制

完整的沟通系统必须具备完善的反馈机制，完善的信息反馈机制能使自上而下的沟通和自下而上的沟通达到平衡，从而实现双向交流，真正实现沟通的有效性。管理者要留意观察有效沟通后的反应和行动，并采取办法收集一切可用的反馈信息，为有效沟通做出评判和改进方法。

6. 不断总结持续创新

在建立长效沟通系统的过程中，管理者要定期总结沟通机制产生的效果，并在原有基础上不断完善和优化。要鼓励员工进行沟通创新，丰富沟通方式，拓宽沟通渠道，不断打造新型沟通平台。

俗话说，海纳百川，有容乃大。管理者只有持续不断地完善沟通系统，持续不断地倾听员工的各种声音，才能了解员工的真实想法，才能更好地调动员工的积极性；员工只有积极主动地和上级沟通，才能将自己好

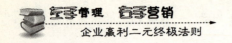
的想法落地，为企业作出更大贡献，不断为自我价值的提升加码。

让追随者清楚团队的立场和目标：
己欲立而立人，己欲达而达人

《论语·雍也》曰："己欲立而立人，己欲达而达人。能近取譬，可谓仁之方也已。"意思是说："你自己想有所树立，马上就想到也要让别人有所树立；你自己想实现理想，马上就会想到也要帮助别人实现理想。一个人能够从身边小事做起，推己及人，这就是实践仁义的方法。"

这句话非常清晰地传达了孔子所倡导的做人原则和价值观，即先人后己的利他主义。也就是说一个人在生活中、社会中是不能自私自利的，而是要学会观照他人的利益。引申到管理中，管理者也要学会关照员工的利益。

要做到照顾员工的利益，就要让员工明白组织的立场和目标，使他们了解组织在一定时间内会达到什么样的预期，从而让员工了解自己工作的目的和意义。

没有目标的团队，既不可能持久，又不会有很强的竞争力、战斗力。因此为团队设立清晰的目标是十分必须和必要的。

有人做过这样一个实验：

分别组织3组人，让他们分别向15千米外的3个村子行进。甲组的人并不知道村子的名字，也没人具体告诉他们村子到底有多远，只是告诉这些人跟着向导走就可以。这个组其中有几个人刚走了两千米就开始叫苦了，越往后，组内成员的情绪越低，最后这个组竟溃不成军。

乙组的成员知道这个村庄的名字，也知道村子有多远，但是路边没有明显的里程牌子，人们只能凭经验估计所需时间。这个组大约走到一半时，有人开始叫苦。后来，在比较有经验的人的鼓励下，人们大约知道自己已经走了一半，于是大家鼓起勇气继续走。当走到 3/4 时，有很多人开始情绪低落，觉得疲惫不堪，有些人甚至真的退了下来。

丙组最幸运，其成员不仅知道村子的名字，村子有多远，而且路边每千米就有一块里程碑。成员们边走边留心里程碑。每看到一个里程碑，大家心里就会生出一阵快乐。就这样，这个组的成员一直情绪高涨地走了将近 12 千米，大家确实都累了，虽然有人叫苦，但没人退下来，因为他们知道还有最后的两三千米村子就在眼前了，于是，他们再接再厉，争取走完了最后的路程。

这个实验说明，当人们有明确的目标时，人们就会把自己的行动与目标不断加以对照，特别是当人们清楚地知道自己离目标越来越近时，人们的行动动机就会得到维持和加强，就会自觉地克服一切困难，努力达到目标。同样，对于一个团队而言，清晰的团队目标也是员工自觉克服困难的动力。

当然，有了组织目标后，还要让员工清楚了解组织目标。人力资源管理理论强调把个人的发展和组织的发展融为一体，组织的发展离不开组织内个人的发展，组织内个人的发展只有与组织的发展目标相协调相一致，员工才能跟组织一起成长一起进步。

很多高层领导觉得自己的全部工作就是经营战略。其实，高层领导的工作并不全是经营战略，他应该与员工不断地沟通组织目标，将组织目标深入每位员工的心里，使他们真正明白自己要做什么，应该做到什么程度，并让员工真正了解自己在不同阶段不同的工作重点和措施，从而保证员工用正确的方法做正确的事。

领导，说的更直接一点就是建立愿景，与下属沟通并引导下属去实现愿景的过程，而这个愿景就是组织目标。组织因目标而存在，目标的作用与领导效果密切相关。但这个作用能否发挥出来，关键取决于组织目标和个人目标的一致性程度的高低。

我们知道，一个员工为了不断实现个人目标，通常会给自己列出详细的职业规划。这个规划可能会因为一定的因素不断变化，甚至会在一段时间内修正几次，但不管个人的规划如何变化，几乎没有一个人把整个职业生涯规划拴系到一个企业上，这让很多管理者感到困惑和麻烦。在这种情况下，如何让员工的个人目标与组织目标保持一致就成了管理者不得不面对的一个难题。

但是，这并不等于企业找不到员工个人目标和企业组织目标的契合点。要找到这个契合点，一方面企业要让员工认同公司文化，并使其服从安排并愿意为公司作出贡献；另一方面企业要不断给予员工培训，不断提升其能力使其不断胜任工作。这就是企业组织目标和个人目标的最佳契合点——培训、培训、再培训，才能胜任、胜任、更胜任！

管理，说得简单一点就是将复杂的工作简单化、程序化，如果用四个字来涵盖它，那就是——目标＋沟通。企业通过组织目标的制定把上级的希望、要求、改进提升的意见等清晰地传递给下级，并通过持续的沟通达成双向承诺。通过过程中上下级围绕组织目标持续有效的沟通，达到辅导员工、解决问题的目的，最终实现企业和员工的共赢。

当然，企业在制定组织目标时，应适当考虑员工的个人目标，我们都知道，每个人都喜欢做自己理解并喜欢的事情，只有当组织目标与个人目标相协调时，才能达成领导者与被领导者的心灵委托，才能充分激发和调动被领导者的执行力，才能达到领导效果的最大化。

有效沟通的方法与技巧：有朋自远方来，不亦乐乎！与民同乐

美国通用电气公司前任总裁杰克·韦尔奇说，管理就是沟通、沟通、再沟通。在工作日趋复杂和竞争日益加剧的今天，对管理层的沟通能力提出了更高要求。

对管理者而言，要建立上下级良好的沟通关系，除了做到勤沟通外，还要做到会沟通。所谓会沟通就是要掌握必要的沟通技巧和沟通方法。

很多时候，管理达不到预期的效果，不是管理者缺乏沟通，而是管理者根本就没有掌握方法和技巧，致使员工根本听不进管理者的意见，使沟通陷入一种"沟而不通"的怪圈。要走出这种怪圈，管理者就不能仅拘泥于一种形式，其沟通方法就必须要灵活多变，要知道，方法对了，沟通才能发挥作用。

企业是一个大熔炉，管理者每天面对的沟通对象又有着不同的职位角色、性格特征和工作方式，要确保沟通有效，很重要的一点就是管理者在与员工沟通时做到因人而异，因事而异。在这方面，圣人孔子是我们学习的榜样。

一位老农请教孔子的学生一个问题："请问一年到底有几季？"孔子的学生答说："有四季。"老农有些生气，说一年只有三季，于是两个人就争吵起来。这时，孔子走出来了解事情的原委。学生把事情的来龙去脉向老师讲了一遍。孔子听完，又看看老农浑身绿色，便询问老农家住何处。老农回答说自己住在树林里，于是，孔子就说："一年有三季。"老农高兴地离开了。

学生甚是不解，看着学生不解的眼神，孔子说："在与别人沟通时，你应该学会观察，这位老农浑身绿色且家住树林，说明他是蚂蚱变的。蚂蚱到了秋天时，生命就结束了，它当然看不到冬天。所以对它而言，一年只有三季。"学生这才释然。

当然，这个故事有点夸张，但是这个故事却可以给我们很多启示，其中一点启示就是：在与人沟通时，要避免争吵，保证沟通效果，做到因人而异必不可少。

要使沟通有效，除了要做到因人而异外，还要掌握其他一些沟通方法和技巧，尽可能地与企业上上下下进行全方位的交流，使管理卓有成效。

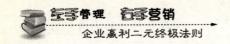

对管理者来说，沟通一般存在三个方向：向上沟通、水平沟通、向下沟通。

1. 向上沟通

向上沟通就是跟自己的上级、领导的沟通，在企业中，尤其是中层管理人员，每人都有一个顶头上司，都有一个管着你的人在上面。如何做好向上的沟通呢？我们给出三个建议：

（1）沟通场合的选择

与上级沟通并不一定全在办公室内进行，也不一定非要在会议上进行。因为，领导一天到晚要考虑的事情非常多，与办公室严肃的气氛相比，有时候，在休闲中也可以解决大问题。当然，对于一些只需要简单回答"是"或者"不是"的问题，管理者也可抓住上级回家的短暂时间进行沟通。

（2）尽量让上级做选择题而非问答题

遇到问题，千万不要给领导出问答题，这会意味着你想解决的事情永远不会有结果。举个简单的例子来说，你有一件很重要的事情需要和领导们开会商讨。如果你这样做：

下属：领导，明天有时间吗？下午开个会怎么样？

领导：下午我有一个很重要的客户要见。（这就是领导的答案）

但如果你这样问：

下属：领导，有个重要的会需要你参加，你看你明天下午有时间还是后天上午？

领导：那就后天上午吧。

下属：好的，明天下午我会再次提醒你的，谢谢领导。（很明显，已经有了答案）

所以，为了确保和领导沟通有效，不要给领导出问答题，让他做选择题。出问答题，领导常常不会马上给出令你比较满意的答案，这不能怪他，因为他太忙了！

（3）一定要准备好答案

在和上级进行沟通时，一定要尽可能多地准备好答案，不准备答案，一来会让上级觉得你没有对问题进行深入思考；二来上级也是常人，如果我们与上级沟通的时间有限，上级一般不会在短时间内就能给出你答案，与其让他想半天也想不出来，还不如干脆给他几个答案，让他在几个答案里做选择。

2. 水平沟通

水平沟通就是与同级管理者之间的沟通，要做好同级沟通，就要注意以下几点：

（1）主动

放下架子、放下面子、摆正身子积极地和同级部门的领导进行沟通。

（2）合作

不对抗，先帮助别人，先为别人提供自己的合作，然后要求别人帮助自己。

（3）体谅

多从他人的角度去替他着想，这才叫做真正解决问题。

3. 向下沟通

向下沟通，就是和自己的下属员工沟通。韦尔奇是向下沟通理论的忠实执行者，为了充分了解下情，他喜欢进行"地下潜伏"。日本"经营之神"松下幸之助也是向下沟通的践行者，他经常询问自己的下属："说说看，你对这件事情是怎么考虑的？"他还经常到工厂走动，一方面有利于听取员工们的意见和建议，另一方面也便于他发现更多管理和生产问题。

可见，掌握与下属员工沟通的技巧，对领导者非常重要。那么，怎么做才能使向下沟通行之有效呢？

（1）预设一种比较轻松的气场

很多管理者喜欢"向下潜伏"，主要是因为在日常管理中，管理者容易给人一种难以亲近的感觉，而通过"潜伏"接近员工，可以使员工避免"老板恐惧症"，保证沟通效果。

当然，并非所有管理者都喜欢"潜伏"，为消除员工在和自己沟通时的恐惧，管理者在与下属沟通前，可先预设一种比较"亲民"的气场，尽量在员工面前展现自己的亲和的一面，而不是一脸严肃。

（2）统一沟通频道

很多下属，在和管理者进行沟通的时候，常常因为紧张，而出现沟通频道错乱的情况。遇上这种情况，管理者不要急着抱怨与下属说话是"对牛弹琴"，而应设身处地站在员工的角度去想问题，尽量采用员工可以接受的方式去沟通，而不是按照自己的思维模式强行和下级沟通。

（3）运用最恰当的表达方式

在沟通时，很多时候，因为表达方式不对导致沟通效果甚微，甚至出现冲突。那么，我们应该采取怎样的表达方式呢？

①以商量式的句型代替命令式的句型

在沟通中，很多人动不动就用命令式的句型，比如"你最好……""你要……""你应该……"，这类句型很容易引起别人的抵触，因为没有人愿意被命令。不如将其替换为"我给的建议，你觉得怎样呢？""是不是这样更好呢？"等商量的句型。

②不要以偏概全

以偏概全最常见的句式就是"你从不……""你经常……""你每次……""你又……"当你说出这些话的时候，会给别人一种感觉，那就是——自己经常犯这样的错，自己不是越变越好，而是不断重复同样的犯错，尽管或许这只是自己的初犯，但对方的感觉确实如此。

孔子说："有朋自远方来，不亦乐乎！"掌握了有效沟通的技巧和方法，管理者才能在企业中做到和员工的沟通不亦乐乎，才能真正做到与民同乐，与"天下"同乐。

让自己成为最好的倾听者：己所不欲，勿施于人

有一位管理者说，通过自己对多年管理经验的总结，他发现很多问题，根本不需要管理者提供任何解决问题的答案，只需要倾听就能解决。

他讲到了自己的一次经历：

几年前，他廉价买下了一家小型工厂。前任老板高兴地说："我简直太高兴了，终于把这个工厂脱手了，哎呀，你不知道，这些员工真是太不知道感恩了，态度越来越强硬，这些年我对他们这么好，他们都还想着跳槽，真是一群白眼狼。"

"我知道一定是这位老板有些地方没能满足员工的需要，接过工作后，我召集所有员工开了一次坦诚的会议。我告诉所有员工，我最希望的就是你们能在这快快乐乐地工作，我需要你们告诉我怎样才能办到。"结果最后发现，员工需要企业给他们提供的无非是几项小小的福利，如现代化的娱乐设备、在娱乐室中放上自动售货机、在更衣室中装上一面镜子，等等，要解决这小小的福利问题，实在不算什么。当这位新老板按照员工的要求做了后，他发现员工们满意极了，很多员工的工作态度立即有了转变。

后来，这位老板在总结中说："管理中，很多问题根本不难解决，我们通常只需要借助倾听，让那些有要求受委屈的人有机会申诉、有机会说出来，让他说，你去听，问题就解决了一大半。只要你听得够久，我们总能找出适当的解答。实际上，员工们真正需要的只是一位愿意倾听他们意

见的人而已。"

很多人在交谈中，总是倾向于以自己的观点、意见、感情来影响别人，因而他们往往喜欢谈个不停，似乎不这样就无法达到交谈的目的。这样的人很容易引起别人的厌烦，尤其是当这些人在交谈中，不停地向别人抱怨，并通过一些负面情绪来影响别人时，别人更会感觉厌烦。

俗话说，己所不欲，勿施于人。既然我们不想为别人的说辞厌烦，那么，在交谈中，我们就应该懂得适当刹住话匣子，给别人说的机会，给自己听的机会。实际上，与人交谈，光做一个好的演说者不一定成功，还必须要懂得做一个好的听众。特别是，交流是双向的，要使交谈双方的双向交流畅通无阻，我们就必须善于倾听他人的谈话。

尤其是作为一个管理者，更应该学会倾听。倾听是管理者与下属员工沟通的必要条件，只有通过倾听，管理者才能了解更多基层问题，管理工作才能更加完善，同时管理者积极地倾听，也能让员工感受到关心和重视。

当然，倾听不是漫无目的地听，漫无目的地听只是一种无效的听，倾听要有效就要求管理者在听的时候不仅要用耳而且要用心。简单地说，有效的倾听是带着思考地听。

带着思考去倾听，就避免了倾听的盲目性。它是为了从对方的叙述中了解他的目标、他的想法以及他现在所处的位置。作为倾听者，是为了获取有效资料，了解真相，然后有针对性地予以回应而听，而不是纯粹地听一听别人的唠叨就罢。

此外，要确保倾听有效，管理者在听的时候切忌先入为主，要保持一种空杯心态去听，这样的倾听才会有效果。

为什么倾听最忌讳先入为主？如果一个管理者在倾听员工的谈话之前，就有了先入为主的心态，那么，他在听的时候就会不自觉地把自己心中的"背景信息"添加进去。什么是"背景信息"？就是在没有真正了解事情之前，我们自己所预想的信息，就是我们通常所说的个人主观情绪。在谈话中，一旦一个人先入为主了，他就不能很好地站在对方的角度，去透彻地了解和把握对方所要说的信息，甚至没有耐心去听对方把整件完整的事情讲完。这对彼此的交流是非常不利的。

倾听是管理者的一项技能，要运用好这项技能，管理者还需要掌握一定的倾听技巧，比如，懂得使用开放性动作、及时用动作和表情给予呼应、适度的提问，等等。

1. 使用开放性动作

在谈话中，开放性的动作代表着接受、尊重和信任。管理者在与下属交谈的过程中要多使用开放性的动作，避免使用一些带有攻击意味的动作，比如手臂交叠、跷脚、眼神不定等肢体语言，因为这些动作代表并传递着一种负面信息，会在一定程度上影响沟通效果。

2. 及时用动作和表情给予呼应

在倾听的过程中，适时地给予下属反馈，是对下属尊重的表现。当给予下属反馈的时候，管理者可配合使用动作和表情，如赞许性的点头、积极的目光接触、记录下属的意见，等等，这些动作表明你在认真听其说话。

3. 适度的提问

在与下属交流的时候，管理者适度的提问，一方面可以确保管理者把没听清的事情彻底弄懂；另一方面也利于讲话人更加有重点地陈述和表达自己的观点。

著名的教育家卡耐基曾经说过："做一个听众往往比做一个演讲者更加重要。专心听他人讲话，是我们给予他的最大尊重、呵护和赞美。"沟

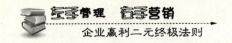
通是企业管理中非常重要的工作，而倾听是决定沟通有效的关键要素之一，因此，管理者应该成为下属的积极倾听者，这样才能减小沟通的难度，让下属说出自己的想法，从而达到改善与员工关系的目的。

让指令迅速被消化并反馈：推己及人，由近及远

管理者大部分的时间都是在对下属进行管理。在其管理过中，最常见的一种管理方式就是下命令。一个管理者每天要下达的命令可能有很多，这些命令是下属工作的方针指导和目标。

有时候，管理者觉得员工的一些工作完成得不好，其实，下属工作的好坏，在一定程度上与管理者下命令的方式、方法有着密切联系。比方说，如果一个管理者无法让下属真正明白自己的意图，就很难想象下属能圆满地完成工作，就不可能取得良好的工作成果。

所以，对管理者来说，要确保政令畅通，使指令能迅速被消化并反馈，学会正确地下命令是非常必要的。

那么，管理者在下命令时，要注意哪些问题呢？

1. 命令有没有必要下

这是一个看似简单，但实际上却很容易就被忽视的问题。在工作中，很多管理者正是因为没有搞清楚这个问题，结果下了不该下的命令，使事情越变越复杂。

举个很简单的例子来说吧，管理者在很忙的时候，突然有另外一件事需要处理，他认为这个事情不太重要，于是就随口命令下属去做。但下属却对这件事的来龙去脉全然不知，为了完成这项临时工作，下属只能不停向管理者询问，结果最后发现，命令下属去做这件事，还不如自己去做省事。这条命令就是一条没有必要下的命令。

此外，很多管理者见不得下属闲着，当看到下属暂时闲着时，他们就安排一些毫无意义甚至意义特别小的工作让员工忙个不停，这也是一种无用的命令。这种命令一是让员工怀疑你的管理能力；二是引起员工对你的反感。

总之，下达一些没有意义的命令会损害你在员工心目中的形象，降低你的管理影响力和效力，所以，管理者在下达命令前，请先认真地思考一下命令的必要性。

2. 命令要简单易懂

有这样一个故事：

有个秀才去买柴，他对卖柴的人说："荷薪者过来!"卖柴的人根本听不懂"荷薪者"（担柴的人）这三个字的意思，但是他能听得懂"过来"两个字，于是，他就把柴挑到了秀才前面。秀才又问："其价何?"卖柴的人还是听不懂整句话的意思，但这次他听懂了"价"这个字，他大概猜想出秀才是在问价，于是就告诉了秀才价格。秀才又问："外实而内虚，烟多而焰少，请损之。"（意思是说你的木材外表是干的，里头是湿的，烧起来，浓烟会多而火焰小，请减一些价钱吧）卖柴的人彻底蒙了，这次他一句话也没听懂，于是挑起柴就走了。

这则故事给我们的管理启示是：管理者在平时与员工传达信息或下达命令时，一定要用最简单、最通俗易懂的言辞来传达，过分的修饰或者用一些只有管理者才接触到的术语反而会损害沟通效果。

3. 命令要抓住要点

在下命令时，管理者必须向下属全面介绍相关工作的情况，这样有助于员工从整体上把握整件事情，利于其更加出色得完成工作任务。但在描述整件事情的时候，管理者必须要抓住问题的要点，向下属说明白，什么

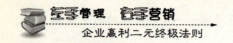

才是他最应该做的，通过做必须要达到什么样的目的等。否则，下属就会搞不清自己具体负责什么事情。

当然，要抓住问题重点，关键是在向下属下达命令前，管理者自己首先要考虑清楚工作的要点，做到心中有数，这样才能更好把命令传达给下属。

4. 学会以复述的方式确保命令被完全"领会"

要保证下达的命令有效，一定要让下属完全"领会"命令的内容。我们可采用让下属以复述的方式来保证"命令"不走样。

复述并不难，管理者只要要求下属将自己说过的话总结出几个要点，然后条理清楚地重复下来，经过上级的确认即可。如果下属在描述的过程中，有疏漏或是理解有误的地方，管理者就可以及时补充，这样做就可以让下属更充分地领会上级的意图，保证在执行的时候任务不会走样。

5. 管理者记下自己下达的命令

一般来说，如果管理者对下达的命令做不到及时监督，下属在复命的时候，就会拖拖拉拉，甚至，有些管理者下达了命令之后，因为忙碌，再加上下属很多，有时会直接忘记自己下达的命令，这样，员工在复命时，就更无效了。

为了避免这种情况的发生，管理者应该将自己下达的命令记录下来。在记录命令的时候，管理者要写明命令下达的对象、命令的具体内容、命令完成的标准以及任务的反馈时间等。如果有必要，管理者可以拟定一个"命令记录和监督表格"，便于管理者严格记录下自己的命令，这种表格最好是管理者和下属员工各持一份，这有助于在工作出现问题时明晰各自的责任。

当然，管理者除了保证下属能做到迅速消化自己的指令外，还要保证其迅速反馈，在反馈的时候，我们可采用刘光起先生在《A 管理模式》中提出的一项重要理念——四小时复命制，即对任何命令，不管是受令人完成与否，都要在规定的 4 小时内向下令人复一次命。4 小时复命制便于管理者和员工及时发现和解决问题。当然，我们在工作中，或许不一定能做到在 4 小时绝对复命一次，但管理者起码要保证，每天都能对下属下达的命令跟踪一次，这样既能确保员工的工作不出现大的方向性的偏差，还能根据员工的完成情况，及时给予员工指导，这对其工作是非常有利的。

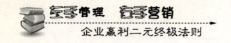

第四章　与众人行

——结果为王的执行思维

目标方略：事在四方，要在中央；圣人执要，四方来效

《韩非子·物权》中有"事在四方，要在中央；圣人执要，四方来效"，这是韩非子关于君权至上的观点的阐述，意思是天下四方有事件发生，而要害在中央之地。圣人把持着要害之所，四方的诸侯都会来朝拜，在这里韩非子主要强调了圣人对国家治理所起的重要作用。

韩非子的这一思想对当下的管理有没有启示呢？答案是：有。

时下，有一种非常重要的管理思维影响着所有企业的发展——结果导向思维，即执行既要重过程，更要重结果。没有结果的执行，就是白执行，就是徒劳无功。

那么，我们如何才能保证结果？姜汝祥先生在其著作《请给我结果》中给出了 16 个字"结果提前，自我退后，锁定目标，专注重复"。在这里，我们不难看出，目标之于结果的重要性，锁定目标才能锁定结果。此外，任何一个企业都在强调执行，什么是执行？执行说白了就是把目标变成结果的行动！因此说，企业要获得有结果的执行，就必须先要有明确的目标。

"目标"就是我们要追求的结果，我们锁定目标的目的就是要实现目标，将目标变成结果，让"目标之箭"射向结果这个"靶心"。因此，对管理者来说，要促进员工的执行结果，很重要的一点就是要有目标方略，对员工进行有效的目标管理。

那么，管理者怎样做好目标管理呢？

1. 和下属讨论并制订合理的整体目标

在工作中，很多管理者抱怨自己的员工工作毫无创意，只能按部就班，致使执行结果不到位。这其中有一个很重要的原因就是员工根本不清楚管理者心中的目标是什么。因为不清楚管理者心中的目标，员工在执行时根本无法判断自己的做法是否合理，在这种情况下，为了保证自己不出错，员工只能按部就班，结果也就难免毫无创意。

所以，为了确保员工在执行中能获得最完满的结果，管理者必须让员工清楚了解一个项目或者企业的整体目标是什么，否则，那只能是对资源的一种浪费。

我们来看一个案例。

一个部门的任务分配会议上，部门经理又开始给下属分配任务了："小张你去张罗销售计划，小王你去张罗客户的接待事宜，小孙你去张罗后勤支持的事情……"小张问："我们这样做的整体目标是什么？"经理有些不耐烦地说："你管那么多干什么，按照我说的办就行。"

从表面来看，这个经理非常能干，任务布置得井井有条。实际上，这个经理的管理问题大着呢。虽然每个人都有具体的工作要做，但最重要的事情，就是整体目标，整个部门要在什么时间完成什么任务，完成到什么程度，对任何人来说却是个未知数。或许在经理看来，只要自己知道了整体目标，就可以协调大家一起来完成。但实际上，每个人不清楚整体目标，不知道任务的终点和全貌，也就根本弄不清楚自己做这件事情的意义，更不知道要达成目标的最好方式是什么，自然执行的结果就会大打折扣。特别是，大家不知道整体目标，就无从判断自己的做法是否合理是否最好，只能小心翼翼地按上司规定的方式去做，不敢有任何创新。就这样，一个部门本来有十多个脑袋可用，结果却变成了只有一个脑袋在思考，其他的人也只不过相当于手脚而已。这是多么大的浪费！

所以，聪明的管理者为确保结果，在事情开始就应该让员工知道目标。当然，我们知道一个人的目标相对容易确定，而管理是为一群人设定目标，这相对比较困难，但再困难，管理者也一定要学会用目标进行管理，懂得和下属讨论并制订出合理的整体目标，这样才能让下属清楚自己所要到达的目的地。

不仅如此，当管理者这样做了，员工就能很好地理解自己工作的意义，就能在工作中使用自己的大脑，就能根据组织或部门的整体目标来调整自己的动作，使自身与组织更加协调，就能大大确保执行的效果。反之，管理者不这样做，员工就不能理解自己工作的真正意义，不能主动去思考如何才能更好地配合领导，就会变得"被动"，变得"难管"，这样的团队怎么可能有执行力，更谈不上对结果负责了。

2. 有目标还不够，关键是要进一步明确目标

管理者要让员工清楚目标，仅仅说明了在一个团队内是有目标的，但仅仅有目标还不够，关键是要进一步明确目标。目标只有真正被明确了，才能被锁定。

"明确"与模糊相对，一个模糊不清的目标不但帮助不了我们达到想要的结果，有时反而会让人陷入一种迷惑中，让人觉得成功有些遥远，甚至遥不可及。

美国财务顾问协会的前总裁刘易斯·沃克在一次采访中，被记者问道："你觉得一个人不成功的主要因素是什么？"

沃克回答："模糊不清的目标。"

沃克进一步说："我在几分钟之前就问你的目标是什么？你说希望自己有一天能在山上有一栋温暖的小屋，这其实就是一个模糊不清的目标。问题的关键就在于你所希望的'有一天'非常不明确。目标不明确，你成功的概率也就会相对减小。"

"如果你真的希望自己能在山上买一栋小屋，你必须先要找到那座山，然后计算出那间小屋现在的价值，接着要考虑一下通货膨胀等因素，计算出若干年之后这栋房子的价值；接着你必须要作出决定，为了实现这个目标你需要每个月存多少钱。如果你真的这么做了，你可能在不久的将来就真的会拥有一座山上的小屋。但如果你觉得这只是说笑，你的目标就可能实现不了。有目标是愉快的，但没有配合实际行动的模糊目标，说白了也只是妄想或者空想罢了。"

同样，对于管理者而言，在给出员工目标之后，还要和员工一起制订出实现目标的具体期限；在执行前，先想要达到什么效果和目的，并且尽可能详细地罗列出为此该做哪些准备和工作。这也是保证执行到位的基本前提。

3. 确定目标的优先级

在管理者给员工设定目标的过程中，有时会设定一个目标，但有时也会设定两个、三个目标，面对一个目标时，员工很容易做到专注；多个目标时，员工就很容易乱了章法。此时，为了保证员工目标的有效达成，管理者必须要确定好目标的优先级——确定哪个目标是首先必须要完成的；哪个目标是可以延后但必须要达成的；哪些目标是不必做或不值得做的，只有区分出哪些目标最重要，哪些目标不重要，然后集中精力去达成重要的目标，结果才能事半功倍。

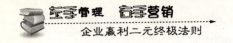

分析谋划：知彼知己，百战不殆

《孙子·谋略篇》中说："知彼知己，百战不殆。"意思是说，在军事纷争中，只有做到既了解敌人，又了解自己，才能百战不会有危险。这一规律不仅为古今中外的军事家所推崇，作为一种智慧、一种制胜策略，作为结果的重要保障，它同样适用于企业的方方面面。

"知彼知己"是制胜的根本出发点，所谓"知彼知己者，百战不殆；不知彼而知己，一胜一负，不知彼，不知己，每战必殆。"即意味着，要从根本上取得胜利，就要从"彼""己"的实际出发。

那么，何谓"彼"？何为"己"？从经营管理的角度来说，所谓"己"，主要是指经营者自身所具备的各种因素，这些因素是全方位的，它涵盖了经营管理者自身的每一个环节。所谓"彼"，从广义的角度来说，所有的外在条件都属于"彼"的范畴。

对于企业管理来说，只有对"彼"和"己"的各个方面、各个环节都了如指掌，才能做到如孙子所说"动而不迷，举而不穷"，才能扬长避短，提高决策的准确性，减少盲目性，才能使企业沿着正确的航道顺利前行。

作为一家中国地方汽车企业，奇瑞汽车公司为什么能在激烈的市场竞争中占得一席之地？一个最大的原因，就是源自他们的"知彼知己"，因为"知彼知己"，所以他们能给自身作出最准确定位。

自20世纪90年代中期以来，微型客车越来越受到歧视。特别是，各大城市在安全环保方面不断提高要求，成本的抬升使微型车的价格优势越来越小，很多厂家微客产量的增幅迅速下降，在这种情况下，奇瑞汽车公司经过全面且认真的市场调查，决定以微型轿车为销售突破口，打入市场。

奇瑞的新产品不同于一般的微型客车，新产品只是同微型客车的尺寸相同，在配置上，却采用轿车的配置。就这样，在2003年5月QQ微型轿车正式推出，6月就获得了良好的市场反应，截至2003年12月，奇瑞同时获得多个奖项。其后，奇瑞凭借"旗云""东方之子"等性价较高的轿车，在全国形成了相当的知名度。

由奇瑞的成功，我们可以看出企业在经营发展中，要取得良好的结果，就必须做到"知彼"——了解市场状况及未来走势，做到"知己"——明确自己的现状，如此企业才能有准确的战略定位，才能为企业的发展指明方向。否则，企业收获的很可能就是惨败。

此外，孙子还提出了"求之于势"的重要思想。在其《势篇》中有"势者，因利而制权也"和"故善战者，求之于势，不责于人，故能择人而任势"之说，都说明了懂得借势对取得良好结果的重要意义。

荀子有云："君子生非异也，善假于物也。"意思是说君子的资质与一般人其实没什么区别，君子之所以高于一般人，是因为他善用外物外势，这是君子成功的一个重要原因。

借势成功说白了就是一个不断谋划的过程。有一个重要问题是，为什么有的人能够借势成功？这主要是因为他们能做到很好的"知彼知己"。"知彼"——了解被借势的一方在哪些方面能够弥补自己的不足；"知己"——了解自己要达到某种结果，哪些条件是具备的，哪些条件是欠缺的，在全面地分析了"彼"与"己"之后，当有恰当的机会，他们就会顺势抓住机会，借对手的优势来发展自己和壮大自己。

蒙牛集团的牛根生就是个借势的高手，蒙牛集团一直把伊利挂在嘴上。从一开始，蒙牛的产品宣传就和伊利产品紧紧联系在一起。蒙牛的第一个广告牌子写的是"做内蒙古第二品牌"，蒙牛暗指谁是第一？伊利。在蒙牛的冰激凌包装上，他们也打出了"为民族工业争气，向伊利学习"的字样，这又将蒙牛和伊利紧紧捆绑在一起，通过借用伊利的知名度，在无形中提升自己产品的品牌。

"股神"巴菲特说："你并不需要成为一个通晓每一家或者许多家公司的专家。你只需要评估在你能力圈范围之内的几家公司就足够了。"巴菲特所谓的"能力圈"就是根据自身的具体条件和能力评价哪些项目在自己的能力之内，哪些在能力之外，能力之外的那些项目就被排除掉。

其实巴菲特的能力圈原则，正体现了知彼知己的中国智慧。对于巴菲特来说，选股票需要做到知彼知己，同样，对于管理者来说，要保证执行到位，达到对结果负责，也离不开我们的分析谋划。什么是分析谋划？分析谋划的过程实际上就是知彼知己的过程。

一般来说，要做好分析谋划就是要做好以下四个方面：第一，在执行前，需先想清楚要达到什么样的目的和效果，必要的话，将它们逐条列出；第二，要达到预期的结果，需要具备哪些条件，应该采取什么样的方法，有必要时，也逐条列出；第三，分析出自己哪些条件是具备的，哪些条件是欠缺的，对于欠缺的条件，想出弥补的办法；第四，分析出自己的竞争方或对手相比自己来说，有哪些优势或者劣势，如何应对其优势。

结果导向：千里之行，始于足下；锲而不舍，金石可镂

有效的管理必须遵循的一个很重要的原则，那就是——结果导向。企业生存的目的就是要达成某些目标，锁定了目标实际上就是锁定了结果，而管理的真正意义就在于达成某些结果。因此，有效的管理者从来都只问结果，而不过多地计较过程。

当结果导向由上而下成为一个企业的工作理念和原则时，我们常常可以看到，这样的公司会是一个极有效率的公司。很多公司在极短的时间内就能发展成实力强大的公司，有一个重要的原因就是他们把结果导向这一原则作为自己管理理念的第一条。事实上，真正能够长盛不衰的公司都有极强的结果导向文化，因为他们知道市场根本不相信眼泪，市场也不会因

为某一个人的努力而给予特别的恩惠，市场唯一相信的就是结果；检验一个企业能否生存的唯一标准就是结果。

当然，以结果导向为前提，不断追求结果，并不是一蹴而就的事情，任何成功都来源于一步一步的积累。无数事实证明，那些想快速致富，急于求成的做法只会得不偿失。

《老子》中有云："合抱之木，生于毫末；九层之台，起于垒土；千里之行，始于足下。"荀子在《劝学》中也曾说过："不积跬步，无以至千里；不积小流，无以成江海。"在追求结果的过程中，我们只有摆脱速成心理，一步一个脚印地积极努力，才能达成结果。就像一位哲人所说的："急于求成是永远不会获得想要的结果的，只有脚踏实地才能获得最终的成功。"

古代有一个年轻人非常想学剑法。于是，他就拜师一位武术界最有名气的老者。老者把剑法传授给他，并叮嘱他要刻苦练习。练了一段时间后，年轻人觉得自己的功力增长并不大，就找到老者："我这样练习，需要多长时间才能成功呢？"老者说："需要三个月。"年轻人又问："如果我晚上不睡觉也坚持练习，需要多久才能成功？"老者说："三年。"年轻人吃了一惊，继续问："如果我黑夜白天都练习，连吃饭走路也想着练习，你觉得我需要多久才能成功？"老者郑重其事地说："三十年。"年轻人彻底愕然了。

喜欢看武侠小说的人都明白，一个人越是要练成武功绝学，越需要更长时间的积累，越是求快，就越容易走火入魔，这也是我们常说的欲速则不达。

年轻人练剑如此，同样，对于企业也是如此，很多管理者为了追求结果急于求成，比如为了提高管理效率，很多管理者盲目效仿西方的管理体制，一夜间引进西方的管理模式，可引进后才发现，西式的管理模式并不适合自己的企业。员工离职问题一直是困扰企业的大问题，面对员工离职问题，很多管理者急于求成，在整治措施上不分析可行性，也不做前期调查，就主观性地推行并不符合公司实际情况的管理办法，最终结果是变本加厉，其境况不但得不到解决，管理层却是换了一批又一批，如此下来，最终的受害者还是公司。

在管理中，树立结果导向并没错，错的是很多管理者目光短浅，太急功近利。追求结果从来都是一个不断积累、厚积薄发的过程，欲速则不达，急于求成只会导致最终结果的失败。

当然，企业树立结果导向，追求结果除了不急于求成外，还要懂得把大目标分解成一个个小目标，要知道任何大目标都是由无数个小目标积累而成的，从追求小目标开始，更容易让人看到成功的希望。

日本著名的马拉松运动员山田本一，在他的自传中讲了自己是如何不断取得成功的。他在自传中说："每次比赛前，我都要乘车先把比赛的路线仔细看一遍，并把沿途比较醒目的标志画下来，比如，第一个标志是银行，第二个标志是一棵大树，第三个标志是一座红房子，这样一直画到赛程的终点。比赛开始后，我就以百米冲刺的速度奋力向第一个目标冲去，等到达第一个目标，我又以同样的速度向第二个目标冲击。四十多千米的赛程，就被我分解成这么几个小目标轻松地跑完了。起初，我并不懂得这个道理，我把我的目标定在四十多千米处的终点线上，结果我跑到十多千米时就疲惫不堪了，我被前面那段遥远的路程给吓倒了。"

任何大成功都是由无数个小目标积累而成，要实现最终结果，我们必须是一步一个台阶地走上去。但是要实现结果，并不是只用蛮力就行，也要懂得用巧劲，就像故事中的山田本一，懂得将大目标分解成多个易于达到的小目标，一步步脚踏实地，每前进一步，达成一个小目标，就会让自己体验"成功的感觉"，而这种"感觉"将不断强化我们的自信心，激发我们去实现下一个目标。

因此，对于管理者而言，要打造一支优秀的管理团队，除了要制订合理的企业目标外，还要把这个目标分解成一系列子目标，并把大目标和一个个子目标深化到员工心里去，落实到每个员工的行为中去，并带领员工不断实现一个个小目标。要知道，小目标更容易取得成功，能更快让员工看到实实在在的实惠，这对激励员工的士气是非常有利的。

此外，以结果为导向，还要有"志在必得"的决心！

什么是"志在必得"？就是一定要拿到结果，没有结果就不罢休。

为什么像阿甘那样智力有缺陷的人，跑步能跑成众人追捧的明星，乒乓球也能打成全美冠军？他靠的就是执着，靠的就是对自己所向往的结果锲而不舍地追求。

第二次世界大战后，功成身退的英国首相丘吉尔应邀在剑桥大学毕业典礼上发表演讲。

在一番客套之后，丘吉尔走上台。他注视着观众，在沉默了大约两分钟后，他用他独特的风范开口说："永远，永远，永远不要放弃！"接着又是一阵沉默，然后他再一次强调："永远，永远，永远不要放弃！"讲完后，他回到座位上。此时，场下的观众才明白过来，接着便响起了雷鸣般的掌声。

这场演讲是丘吉尔一生中最脍炙人口的一次演讲。丘吉尔本人也用他一生的成功经验告诉我们：要达成结果根本就没有秘诀，如果有的话，那就是八个字：坚持到底，永不放弃。

实践真知：闻之不若见之，见之不若知之，知之不若行之

"知"与"行"之间的关系，在中国古代哲学中早有论证。《古文尚书》有"非知之艰，行之惟艰"之说，这被认为是中国历史上最早的相对系统的知行学说，并被简约化为"知易行难"。

孔子则强调了"行重于知"的思想，在《论语·学而》中，他说：

"贤贤易色，事父母能竭其力，事君能致其身，与朋友交言而有信，虽曰未学，吾必谓之学矣"，孔子认为从某种意义上讲，"行"比"学"、比"言"更重要，言行一致才是真正的君子。

荀子认识论中一个很重要的特点就是重视"行"。他认为"行"是"知"的基础，在《荀子·劝学》中说："不登高山，不知天之高也；不临深渊，不知地之厚也"；荀子还认为"行"要高于"知"，比"知"更重要，在《荀子·儒效》中说："不闻不若闻之，闻之不若见之，见之不若知之，知之不若行之，学至于行而止矣，行之，明也……"意思是说：听说比不听要好，见到比听说要好，知晓比见到要好，实践要比知晓好，（学习的）最终就是实践，只有实践了，才会真正明白。

古人先贤重视"行"的行为，对今天我们的企业管理也有重要的意义。对任何企业来说，以结果为导向才是企业发展的第一原则。结果导向的第一要素就是行动思维。

我们在管理中，经常强调执行，执行的本质其实很简单，那就是——想要结果，首先要行动。

行动才会有结果，什么都不去做，只空喊口号，一切都是"零"。千里之行，始于第一步，虽然你是千里马，但如果不行动，也只能待在原地；老牛虽行动缓慢，若行动不停，也能周游天下。同样，不管你是企业的管理者，还是普通员工，要想获得自己想要的结果，就必须快速行动起来，只说不做，结果就等于零。

有一家大型贸易公司赶上了周期性的贸易淡季。连续几个月来，企业的销售额不断下降，业务员们都变得懒散起来，老板想了很多激励措施，但结果却并不理想。公司终日陷在现金流危机之中，老板也急得上了火。

不久后，公司举办了一次大型的贸易促销会，老板寄希望于这次促销会，他多么希望在这次促销会上能签订几个"救命"的大订单，但结果却证明，这次促销会并没起到"救命"的作用。眼看到年底，老板决定在全公司开一次"动员大会"，为员工做最后的鼓动。

在"动员大会"临近结束的时候，老板请在座的经理们和业务员都站起来，看看自己的座椅底下有什么东西。

每个人都行动起来，最后每个人在自己的座位底下都发现了一枚硬币，有的人是1美元，有的人甚至捡到了100美元。每个人都不理解老板的做法，甚至有人开始窃窃私语。这时，老板说出了自己的想法："我只是想告诉大家一件事——坐着不动是永远没钱可赚的，我需要你们行动起来，去发现隐藏在你们身边的机会。"

想着天上掉馅饼，那只是空想，空想的结果就是——毫无结果。只有让自己"动"起来，才有成功的可能。可惜的是，并不是所有的人都能认识到这一点。很多人尽管都知道只有行动才有结果，可是，当他们真正要有所行动时，他们却又开始退缩，开始犹豫不决。这是为什么？

造成人们犹豫不决的原因主要有两个：第一，人们根本不知道如何去做，不知道该从哪里下手；第二，人们没有信心去做，以至于产生畏惧心理，当面对难题时，他们不是采取一拖再拖的办法就是直接逃避。事实上，"拖"是最糟糕的方法，因为它只会令难题越来越棘手，越来越难以解决，甚至最后会发展到不可收拾的地步。

所以，聪明的管理者所做的就是根据不同的原因，采取不同的措施来激励员工不断行动，从而提高员工的执行力。比如，当管理者了解到员工是因为不知道该如何做才没有行动时，管理者就要帮员工明确行动步骤，帮助其迈出第一步；如果员工是因为缺乏信心而不敢行动，管理者在工作中就要有目的地培养员工的自信心。如此，对员工采取有针对性的培养方法，员工的行动力才能不断提升。

行动是取得结果的保证也是根本，俗话说"一打纲领不如一个行动。"说一千道一万，结果导向的关键在行动。没有行动，再好的想法都没有意义。

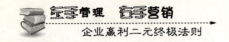

人生没有太多时间让我们犹豫，先行动了再说。我们只有从行动的步伐中，才能不断发现错误，进而不断修正错误，最后才能准确无误地达到目标。

或许，用行动思维来解决问题，并不能找到最好的方法，但是能找到立即就见效的办法。举个例子来说吧，我们买了一部新的手机，一般我们不会直接就去读说明书，而是先看看自己会不会用，这就是先行动，就算是过了一会，我们发现自己不太会用，我们也不一定先去读说明书，而是先问卖手机的人，让他们直接告诉我们怎样使用。

这个过程有点像我们吃苹果。无论我们怎么研究苹果的结构，如果我们不亲自掰开来尝尝，我们就永远不知道苹果内部究竟是什么样的，更不会知道苹果的滋味。所以从执行意义上来讲，知识并不是第一位的，行动才是第一位的，凡事亲自做一遍才是最有说服力的，所谓"纸上得来终觉浅，得知此事要躬行"就是这个意思。

任何好的口号、倡议都不能代替行动，再好的决策如果没有执行，那也只能是束之高阁的一纸空文；再好的战略如果缺少了落实，那也仅仅是自己描绘出的一幅美景。离开了行动，唯一的结果就是——毫无结果。所以，优秀的管理者要做的就是不断想办法刺激员工的行动力。

制度规则：信赏必罚，以治为胜

"没有规矩，不成方圆。"对于任何组织而言，要保证组织内成员的工作有好的结果，不但需要向企业成员灌输纪律观念，还应该根据组织的实际情况制定出切实可行的制度。完善的制度是良好结果的重要保障，没有完善的制度，良好的结果根本就无从谈起。

我们都知道，企业要建立制度并不难，难的是将制度执行到底。而制度的生命力就在于执行。那管理者有没有思考一个问题：辛辛苦苦制定出的制度，为什么执行起来那么困难？

最本质的原因就在于在制度执行的过程中，企业不能做到人人平等，也就是不能做到一视同仁，这就在一定程度上破坏了制度的严肃性。

要解决这个问题，企业就必须要树立制度前面人人平等的理念。韩非就执法而言，也曾提出要求——信赏必罚，赏和罚成为君主手中的"二柄"，要使赏罚必信，君主必要做到公正公平。《吴子》也曾提出：兵不在众，以治为胜。意思是说要管理好手下的人，必须有明法，令行禁止，任何人都要一视同仁。在这里，信赏必罚、以治为胜所要表达的意思实际一样，即要使制度规则发挥出应有的作用，在执行制度时，管理者就必须要做到公正公平、一视同仁。

联想集团有限公司董事局主席柳传志曾说过："企业做什么事，就怕含含糊糊，制度定了却不严格执行，最害人！"

在管理中，柳传志是十足的"制度主义者"。在一次采访中，柳传志说："在有些人眼里。开会迟到看起来是再小不过的事情，但是，在联想，却是不可原谅的事情。联想的开会迟到罚站制度，二十年来，没有一个人例外。"

在这里，柳传志所说的没有一个人例外，包括企业上上下下所有人，更包括他自己。

有一次，联想集团内部召开公司高层领导者会议。柳传志一早就准备好材料，进了到会议室的电梯。可是事有不巧，电梯突然卡在两层楼之间不能继续上升了。柳传志被困在电梯里要上上不去要下下不来。"我只能在里面耗着干着急，那个时候我们只等着维修人员赶来把故障排除了，才能出去。"电梯很快就修好了，柳传志迅速冲到会场，可等到达会议室，会议已开始了好一会儿。看到大家都坐在会议室等自己，柳传志非常愧疚，他一句都没有解释就自觉接受惩罚，在会议室外站足了一分钟。

制度制定了，就要坚决执行，任何人都不例外，这就是联想的制度

观，正是凭着这样的管理风格，联想才一次又一次获得美誉。

制度是人们遵守的规范，是良好结果的有效保证，制度一旦形成，企业就必须要不断强化它的严肃性。无论是谁，只要是这个企业中的一员，都应该严格遵守。特别是企业的管理者，言传不如身教，更应该带头自觉遵守制度，真正维护好制度的严肃性。

我们经常说，制度面前人人平等，那么，对于管理者而言，如何保证制度的严肃性，做到制度面前人人平等呢？

首先，在制度面前，我们首先要改变观念，放下"领导架子"，放下特殊身份，放下职位高下的观念，真正把自己当成一名普通的"员工"，从内心深处严肃认真地对待制度，从个人行动上自动自发地遵守制度，用自己的切实的行动维护好制度的公正性和严肃性。

其次，管理者要率先垂范。上面案例中，柳传志严格要求自己，用自己的切身行动保证了制度的严肃性，使得制度的执行十分到位。因为，柳传志明白，在制度的执行问题上，如果管理者不以身作则，那么，他就会成为反面教材和反方向的"楷模"。这样，不仅有损于自己的权威，还会让制度成为一种摆设、一种儿戏，企业就别奢望员工都能在今后遵守铁的纪律。

再次，制度要不断宣传。柳传志说："贯彻一种规章制度的要求，今天达到了，明天可能就达不到。所以规章制度的事情，定了就要非常认真地执行并宣传。比方说要求你将桌子擦干净，今天你擦干净了，明天就差点，后天可能就不擦了。因此就必须不停地要求，我们把这叫作'反复抓，抓反复'。"不断重复是记忆的最好方式，企业只有对制度反复宣传，才能使其深入每个人的大脑，使人们永远记住它并执行它。

《韩非子》中还有一句话："刑罚不必，则禁令不行。"意思是如果执行惩罚不令出必行，禁令就无法推行。而要实现"令出必行，行之有果"的目标，则要贯彻"以治为胜"的理念，即事先确立明确的规则制度，让大家在思想上形成鲜明的认识，并以强有力的措施保证制度得到有效执行。

执行是健全制度的生命力所在。企业要保证制度被执行的力度，就必须要坚持制度面前人人平等的原则，在制度执行时做到一视同仁，而企业的管理者更应该自觉带头贯彻执行。如果在执行制度时，企业忽略了公正、公平这项基本的原则，那么组织内任何一项管理制度都将会变成"一纸空文"，变成粉饰企业的装饰品和摆设而已。

付出回报：强必贵，不强必贱；强必富，不强必贫

《墨子》云："强必贵，不强必贱；强必富，不强必贫。"意思是强调人们可以通过不断的主观努力，从而达到不断改变自己处境的目的。在这里所说的不断努力，即有不断付出的意思。

的确，对于任何人来说，要想让自己变得强大，变得富有，变得成功，就必须不断付出。人生中任何一种成功的获得，都始之于付出。付出是成功的基础，也是成功的根本，更是成功的最大秘诀。纵观我们身边的成功者，他们都有一个共同特点，那就是——毫无保留地付出。

付出才有回报，我们只有种下付出的因，才能收获成功的果。有一位著名的哲人曾说过："世界上能登上金字塔顶的生物只有两种：一种是鹰，另一种就是蜗牛。不管是天资奇佳的鹰，还是资质平庸的蜗牛，能登上塔尖，极目四望，俯视万里，都离不开两个字——付出。"付出才能取得大成功，缺少了付出精神，就算你是天资其佳的雄鹰也只能空展双翅；而有了付出精神，哪怕如行动迟缓无比的蜗牛，也能登上塔顶。

笔者曾经在《意林》杂志上读到一篇名为《剩者为王》的文章，其中写道：

"她的成绩一直不太好……中学阶段她还是那样默默无闻，尽管挺刻

苦，成绩却毫不出色。高中三年是最艰苦的阶段，为了争取多一点学习时间，她把每月一次的探家假也省了，每次都让人给她捎点饭费回来。尽管如此，她的成绩才勉强到了中游。

"凭她的成绩考本科不可能，只能考虑本市的职专。出人意料的是她居然"骑"在了本科线上。尽管她成了班里高考的黑马，但所有的人都不看好她的前途和专业……

"一晃眼大学毕业了，她找了几个月工作也没有合适的，整天和父亲去大棚浇菜。一次回家，同学在街上遇到她，她觉得很不好意思，说工作不好找，打算考研，可没把握。她的英语四级考了三次才勉强通过，考研对她来说的确有难度，但同学还是敷衍说不如试试，不行也就死心了。

"第二年春天，她居然考取了西北工业大学的硕士研究生，很是让人吃惊。研究生应该压力比较小了，别人打工、谈恋爱，她却依然抱着书本啃，很多次在网上聊天时她都说'学习很吃力，争取按时毕业'。大家都认为，凭她的智商和学习能力，要想顺利毕业肯定要下番工夫才行。

"大概是别人的倦怠成就了她，毕业时她因为成绩优秀，又被保送博士连读。这次她真的退却了，用她的话说'太难，越读越害怕'。她的父亲非常生气，以断绝关系相要挟，'多光宗耀祖的事儿啊，一定要去读'。就这样，她被迫回到学校。为了早日毕业，她心无旁骛，把全部的心思都扑在学习上，丝毫不敢放松。

"那年，她被学校推荐公费赴美留学！名额定下了。所有认识她的人都被震动了，她自己也倍感意外。

"又是三年，三年间，她还是很本分地做学生，勤勤恳恳地做试验，毕业时已经在国际权威杂志上发表过几篇很有分量的论文，成了业内年轻的专家。

"她刚回国，就被一家德国公司以年薪 12 万美元聘走了……"

她的成功付出：当自己成绩一般时，她在付出；当别人回家探亲时，她在付出；当别人在谈恋爱时，她依然在付出……正是这种一步一个脚印的付出和坚持，让她获得了一次又一次机遇的垂青。

付出才有收获，人生的任何一项收获都不是上天的恩赐，也不是依靠偶然的幸运所得，而是通过实实在在的付出所得。要想成功，机遇、天赋、环境等外因固然重要，但最重要的是我们自身的勤奋与付出。

同样，对于一个公司而言，所有大的成功都赖于员工的付出。员工付出的努力、热情、激情越多，公司取得的成功就越大。

那么，怎么才能让员工自动自发地付出更多？相信这是很多领导者都想知道的答案。

要真正从本质和根源上解决这个问题，我们建议管理者换一个问题："企业怎样才能用心地投入，满足员工们多维度的需求？比如物质需求、精神需要以及一些特殊需求等，从而激发和启迪员工们释放出最佳状态，并把最佳状态带入到每天的工作中。"

作为管理者，如果你真的能思考明白并解决好这个问题，那么，你就能从根本上提高员工们的投入度，并给他们注入可持续的高效能，企业的执行力不强问题也就可以迎刃而解了。

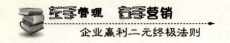
第五章　见贤思齐

——能识人、善用人的 HR 管理

把网罗人才放在首要位置：有教无类，道不同不相为谋

　　春秋战国时期，各诸侯国之间的斗争日趋激烈，人才的巨大作用凸显出来，为了不断取得胜利，各诸侯国都把吸引和网罗人才放在重要地位。

　　也是在此时，很多著名的政治家、思想家也都认识到人才的重要性，纷纷提出了自己的人才观点。比如，孔子明确提出"举贤才"而治天下的人才观，墨子认为"尚贤为政之本也"，孟子提出了"尊贤使能"的人才思想。他们都道出了人才对于一个国家的重要性——有了人才，国家秩序才能得到更好地维持；有了人才，国家政权才能稳定，统治者才能更好地治国安邦。

　　人才就是竞争力，就是实力，管理就是借力。一个真正有为的领导，一定是善于网罗人才、利用人才的领导。就像荀子在《劝学篇》所说："假舆马者，非利足也，而致千里；假舟楫者，非能水也，而绝江河。君子生非异也，善假于物也。"君子与一般人并没有本质上的区别，他们之所以能成就大事，是因为他们懂得借力。

　　可见，一个领导，最高明的地方，不是自己有多么超凡常人的能力，而在于他们懂得怎样才能招揽人才，让人才为我所用。所谓"众人拾柴火焰高""一个好汉三个帮"，管理者只有不断网罗人才，才能让自己的力量无限扩大化，取得最大成功。

那么，管理者如何做到更好地网罗人才？最主要做到以下两个方面：

1. 有教无类

什么是"有教无类"？有教无类的思想是孔子提出来的，原是指在教育面前人人平等，教育不分高下贵贱，每个人都有接受教育的权利。正是因为主张有教无类，孔子的学生才会有来自各个阶层的人。孔子能作出"有教无类"的决断，其基点是因为他认识到"人皆可以通过教育成才成德"，正是基于"有教无类"的思想，孔子才培养出了72贤人。

孔子"有教无类"的教育思想之于现代的管理者来说，也有重要的启示意义。如今，企业间激烈的竞争就是人才的竞争，如何做好人才的招揽工作？很重要的一点就是，管理者要能像孔子一样广招广收各式各样的人才，重视身边的每一个人，怀着"淘金"的心态，去发现人才，去网罗人才。说得再具体一点，就是管理者在网罗人才的时候，要做到多角度、多标准、多手段、多方法观人、选人、用人，把各式各样的人才网进自己的"人才圈子"。说到网罗人才，有一个人绝对不能不提，这个人就是曾国藩。

曾国藩是晚清重臣，他的用人之道至今被众人推崇。他之所以能取得一系列辉煌的成就，在很大程度上是因为他深知人才的重要性。

他在寻找人才的时候，可谓用尽一切手段，只求对方能够跟自己走就行。他会根据不同的对象，或者待之以诚，或者结之以情，或者激之以情。特别是曾国藩求才若渴，每逢与人通信、交谈，他都恳求对方向自己推荐可用之才。

100多年前，诗人龚自珍发出了"我劝天公重抖擞，不拘一格降人才"的呼唤。什么是"不拘一格"？

"格"就是标准，"不拘一格"就是在用人的时候不局限于一个标准。举个简单的例子来说，很多企业在选人、用人的时候，死死咬住"学历"不放，非名牌学校的本科生不用；有的企业把"资历"当成是选人的绝对标准，没有5年的相关行业经历，绝对不用；还有的企业选人用人标准更是离谱，非×××地户口者不用……管理者要清楚，你用人用的是他的能力，要的是他的业绩，学历、资历、户口或许与一个人的能力有关系，但这种关系并不是绝对的，如果你非某学历、某资历的人不用，那么这种选人标准就会大大阻碍人才的脱颖而出。

要改变这种情况，管理者就必须要改变用人思路，做到用人有"格"但不拘"格"，确立以能力和业绩为主，以资历和学历为辅的人才评价标准，扭转片面地追求资历和学历的倾向，确保企业能从更加广阔的范围内选拔出能力过硬、业绩突出的人才。

2. "道"不同不相为谋

有教无类是提醒所有的管理者在招揽人才的时候要普招，要广招，要懂得启用各种各样的人才，即做到用人"不拘一格"。

当然，在这里需要指出的是选人用人"不拘一格"绝不等于没有标准或者不坚持标准。选人无"格"，即没有标准同样会带来很多问题。如果选人无标准可言，那么，就容易使人才选拔工作变得难以准确把握，甚至还会被一些根本不适合的人钻了空子而给企业带来损失。

那么，在选人的时候，哪类人不能用呢？所谓道不同不相为谋——这即是坚持原则。

道不同不相为谋，这里的"道"是什么？"道"即是一个企业的文化与价值观。一个卓越的团队或组织必须有共同的"道"。作为团队管理者，必须具备发现与公司具有相同基因人才的能力。若一些人才非常有能力但就是不能认同公司的价值观，对于这样的人才，不要犹豫——坚决不用。

为什么坚决不用和公司价值观不同的人？

通用集团总裁杰克·韦尔奇在与中国企业家们对话时谈道："有一种人是企业的天敌，这种人和企业的价值观不吻合，这种人就是能造成公司价值观崩溃的人。"

管理之道，唯在用人。人才就是财富，得人者得天下，失人者失天下。杰出的管理者应善于识别和运用人才，做到唯贤是举，唯才用之，这样才能在激烈的竞争中不断胜出。

识人才是当好领导的根本：知人者智，自知者明；胜人者有力，自胜者强

晚清重臣曾国藩有一句略显偏颇的名言："宁可不识字，不可不识人。"虽然这句话有一点过激，但它也不无道理地向人们说明了识人的重要性。

为什么说识人重要？

《孙子兵法》里面还有这样一段话："知彼知己，百战不殆；不知彼而知己，一胜一负；不知彼不知己，每战必殆。"管理是用人的过程，而知人是用人的先决条件。

所谓识人就是认识人才的特长、兴趣、短处及人格特质和内在的价值观等。如果一个管理者连一个人的才能、特点、短处等都不清楚，又如何谈因材用之，如何做到最大化地使用和发挥其价值？所以说，识人是善用的前提。

我们说当兵最重要的素质是身体素质，有好的身体素质，冲锋陷阵时的胜算才大。同样，作为管理者最重要的素质是什么？是识人。在企业里不管什么岗位都能找到专业的人员来胜任，唯独识人这项工作必须是企业管理者自己深谙的。

需要指出的是，我们在强调识人的时候，一般是指认识别人，其实好的管理者不仅要能识别人才，还要能清晰地认识自己。很多时候，很多管理者，既不了解别人，也不了解自己，这样的管理要想有效，从何谈起？所谓"知人者智，自知者明"，真正的大聪明是既能认识别人，又能认识自己。

那么，管理者如何认识自己？要正确认识自己，途径主要有两个：一是通过自我观察和自我反省，来确定自己的优缺点，以及了解自己的兴趣、能力、性格、爱好等各个方面；二是通过他人对自己的分析、评价来正确认识自己、了解自己。

我们认识自己的目的是为了做到扬长避短，是为了让自己更好地去适应社会。在任何时候，我们都要记住一条真理：别人认为你是哪一种人不重要，重要的是你知道自己到底是哪种人。

当然，上面我们讲到人才的重要性，杰出的管理者除能正确认识自己外，更要学会识别人才。要识别人才，就需要掌握好的识人技术，要知道，良好的识人技术可以让管理者事半功倍，可以大大节约企业的招聘成本和培训成本，可以保证人才在最短的时间内适应企业，为企业作出贡献。

那么，对管理者来说，有哪些好的识人技术呢？

在《将苑·知人性》中，诸葛亮提出了七种识人的方法，这七种方法分别是："通过考察对是非之事的处理来看其志向；通过辩论诘难来考察其应变能力；通过讨计观察其见识；通过告诉他祸难观察其是否勇敢；通过让其喝醉来考察本性；通过诱之以利看其是否廉洁；通过与其相约看是否守信。"

诸葛亮提出的七种识人的方法考察面非常全面，涵盖了对人才的智、能、识、勇、廉、信等最核心维度的考察。此处识人绝招，多数是在人才进入工作场所后才能使用，必须通过实际发生的情境或任务来识别。

除了个人品质外，诸葛亮还提出因岗位职能和特长来选拔人才，这一点也和现代企业的人才招聘不谋而合。

此外，管理者要做好识人工作，除了掌握其识人技巧外，还要了解识人的注意事项，这样才能让识人更有效。

一般来说，做好人才识别工作有以下几个注意事项。

1. 不以个人好恶标准识人

很多管理者在识别人才的时候，往往会加入自己的主观看法，这种做法对正确识别人才是非常不利的。

毕竟每个人的兴趣、爱好和性格都有所不同，管理者如果只凭自己的爱好和以己之见就断定某人是否为贤，这是不公平的。特别是，很多管理者感情用事，看到某个人的志趣和爱好跟自己很相投，便认定这个人和自己很合拍，便不再注意这个人的其他方面，就直接把他当成人才。这样做，很容易就会形成管理者自己的"人才小圈子"，出现只有符合管理者心意的人才能被重用，不符合管理者心意的人就是你再有才能，也只有被埋没或者另寻下家的现象，这对企业的发展是非常不利的。所以，在识人时，管理者切忌以个人的好恶标准来决定谁是人才。

2. 人才的第一标准是责任心

在企业选人的过程中，尽管很多企业都罗列出数十条甚至二三十条选人标准，但同时满足这些标准的人少之又少，甚至根据这些标准选出的人也不一定就会干出多么出色的业绩，列出这么多选人的条条框框却不奏效，这无疑增加了选人的难度。

对管理者来说，最理想的结果就是让管理回归简单。管理者有没有想过，如果企业只有一条选人标准，那么，这条标准应该是什么呢？是责任心！

美国著名管理学教授罗宾斯在他的著作《管人的真理》一书中道："心理学家做过一项调查：一个人不管是内向还是外向，不管是严厉还是随和，不管是保守还是开放，也不管这个人的情绪如何，这些都和他做出的业绩没有绝对关系。唯一和业绩有绝对关系的个性特征就是——这个人是否有责任心。在选人过程中，如果你犹豫不决，那么，就选那些有责任心的。"

3. 不要把招聘选拔等同于识人

很多管理者把招聘选拔等同于识人，事实上，招聘选拔只不过是识人的前奏曲而已。短短几个回合面试和测评，并不能让管理者认清人才。所谓路遥知马力，日久见人心，识人是一个长期的过程，那些深藏在冰山下的人才的特质，比如诚信、价值取向等，只有通过工作任务才能看清。优秀的管理者会用很多时间、精力去观察、发现、考察、总结人才在实际工作中所表现出来的具体行为、兴趣、价值取向和人格特质等。他们不会将识才的重任寄希望于一些简单的测评工具上，而是更多通过在人才使用过程中的考察来识别真正的人才。

知人善任，用人所长，用人至上：夫尺有所短，寸有所长

管理者能做到很好地识人，就一定能做到善用吗？不一定。很多管理者善于识别人才、发现人才，但就是不善用人才。

没有人才，企业必然会失败；有了人才，若不能好好利用，也难保不失败。且先不说企业失败与否，人才得不到善用就会导致人才的流失和浪费。史玉柱曾说过："一个人在一个公司就是追求两点，一是待遇问题，二是个人的自我价值能否得到实现，如果后面一点做好了，我相信可以避免人才流失。"

得才难，善用人才更难。人才的真正功效就在于用，一个企业内人才云集，但就是不能做到知人善用，那么，人才的价值就得不到认同和尊重，人的才能就不能得到充分的发挥和提升。如此，人才就会流失，甚至流失到你的竞争对手那里，这无疑又增加了企业的竞争压力。

所以，识人、得到人才只是第一步，如何让人才为己所用，特别是心甘情愿地为己所用，这才是一个企业真正需要解决的问题。

那么，对管理者而言，如何才能让人才有效地为己所用呢？

有一个很重要的原则就是——用人所长。

刘邦在平定天下之后，得意扬扬地说道："夫运筹帷幄之中，决胜千里之外，吾不如子房（这是凸显张良的长处在于谋划）；镇国家，抚百姓，给馈饷，不绝粮道，吾不如萧何（这是说明萧何之长是具有总理之才）；连百万之军，战必胜，攻必取，吾不如韩信（这是说明韩信的优势在于其军事才能）。此三人，皆人杰也，吾能用之，此吾所以取天下也。"试想，如果刘邦把张良、萧何、韩信三者的职位调换过来使用，结果会是怎样？每个人都位居要职，却都不是自己最擅长最拿手的，如此，哪来的各尽其能？刘邦又怎会平定天下？所以，善用者，必用其长。

用人用其长，这是东方用人思想的精华。清代思想家谭嗣同有一首流传很广的诗："骏马能历险，力田不如牛；坚车能载重，渡河不如舟。"

随着电视剧《新水浒》的落幕，我们不得不重提宋江。此人用人可谓极有一套。梁山上108位好汉，成分来源非常复杂，性格趣味差异也很大，每个人的能力更是不同。可就是这样一帮人，却被宋江很好地凝聚在了一起，宋江的用人艺术确实让人佩服。

佩服之余，我们也应该看到，宋江用人的成功很重要的一点得益于他能根据每个人的特长和性格做出明确分工，比如吴用管策略、戴宗管情报、柴进管接待、李应管财务，等等，无不是充分发挥了每个人的特长。

世界著名的管理大师德鲁克认为：世界上实在没有全能之人，每个人

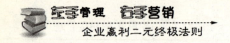

都只是在某一方面能干而已。卓有成效的管理者从来都不问"他不能做什么？"而是问"他能做些什么？"

用人的真理就是四个字——用人之长。要做到用人之长，就要懂得容其之短。就像下面故事中林肯总统任用格兰特将军一样，在使用人才时，着眼于长处，而不是盯着人才的短处。

美国南北战争时期，为了保证战争的胜利，林肯总统力求选拔几乎没有缺点的人任统帅。但结果事与愿违，战争节节失利，这令林肯大为震惊。他仔细分析了对方的统帅人物，几乎没有一个不是有明显缺点而同时又独具专长的人。在经过深思熟虑后，林肯决定任命格兰特将军为总司令。这一下，美国上下可算是炸开了锅，人们都认为林肯总统肯定是搭错了神经，要葬送政府。理由是昏君重用了酒鬼！有人还向林肯投诉说格兰特嗜酒贪杯，难当大任。林肯却不慌不忙说："我倒想知道他喜欢喝什么牌子的酒？因为我想送他几桶。"历史证明，正是林肯对格兰特的任命，成了南北战争的转折点。格兰特成了美国内战中北方起死回生的关键人物。

尽管格兰特有瑕疵——嗜酒如命，但林肯更看到了他的长处——浑身是胆、运筹帷幄，这正是身为一个统帅最关键的素质。这也是用人之长的第一层深意，就是用人不要看他有什么缺点，而是看他的优点能给组织带来什么。

管理大师德鲁克说，发挥出所有人的长处，才是组织的唯一的目的。要知道，一个人的才干越高，其缺点往往就越明显。但这并不等于说才干越高的人就越难用，我们在设计一个组织时，只要保证这个人的弱点不影响其工作即可。换句话说，我们要筹划一个良好的组织，关键就在着眼于人的长处。

用人之长还有第二层深意，就是每个人的长处和优势各不相同，优秀的管理者要做的就是区别对待，包括在奖励、激励、提拔上等，都要做到

"量身定做"。

什么是"量身定做"？简单地说，就是管理者要充分了解员工的特长和兴趣是什么？员工最能被怎样的方式所激励？员工最擅长的接受培训或者学习的方式是什么？弄清这些问题，管理者才能依据员工的不同有针对性地设计员工的工作、激励员工的表现、帮助员工不断学习。员工也会因为受到有针对性地激励和培训，进步更快。

没有什么能比注重人们的弱点而不是人们的优点更能摧毁一个组织的精神。因此，管理者必须把关注的重点放在人的优点上。当然，专注于人的优点，做到用人所长，还要遵守一定的原则，什么原则呢？

德鲁克在其著作《卓有成效的管理者》中指出，做到用人所长，就应该遵循四个原则："第一，职位是由人来担任的，是人就有可能犯错，因此绝不要设计组织成员无法胜任的职位；第二，每项职位都必须在要求高低和范围大小上有伸缩性，这样才能使组织成员尽量发挥其长处；第三，用人时必须首先考虑其条件，会先考虑了解他能做什么，而不是先考虑职位的要求是什么；第四，在用人所长的同时，也必须能够容人所短。"

总而言之，善用人才的核心是用其所长。管理者天天盯着员工的短处、挑毛病，人才何以甘心让你使用？要记住：用人所长，处处是人才；用人所短，无可用之才。

让人才都得到用武之地：官无常贵，民无常贱，
有能而举之，无能则下之

如何实现企业内人才资源利用的最大化？有一个最理想的目标就是——让人才都得到用武之地。

让人才都得到用武之地说起来简单，做起来难。但做起来困难并不等于绝对不能达到这个目的，只要掌握好用人的方法，人人都有用武之地还

是可以实现的。

那么，我们就来看一下有哪些方法可以实现这个目的？

1. 因势用人

要保证人才都有用武之地，除了上面所说的用人用其长外，聪明的管理者还能做到因势用人。

什么是因势用人？

《吴子·治兵》中说："教战之令，短者持矛戟，长者持弓弩，强者持旌旗，勇者持金鼓，弱者给厮养，智者为谋主。"吴起这里讲的短者怎样、长者怎样等是从教练作战之法令角度来讲的，其实这里内含着一些用人之道，就是因势用人的问题，即根据人才个人特点用之，或让持矛戟，或让持弓弩等。

人有短之存，管理者必有用短之术，将短用到正需要短的地方，这就是所谓"短中见长之术"。唐太宗李世民曾说过："明主之任人，如巧匠之制木。直者以为较，曲者以为轮，长者以为栋梁，短者以为拐角，无曲直长短，各种所施。明主之任人亦由是也。召者取其谋，恳者取其力，勇者取其威，怯者取其滇，无智愚勇怯兼而用之，故良将无弃才，明主无弃士。"

所以，优秀的管理者要做到让人才都得到用武之地，除了要懂得用人用长外，还要懂得善用人之短。

比如，如果我们手下有爱钻牛角尖的下属，我们不妨安排他们去做质量检查方面的工作；如果有争强好胜的员工，我们不妨安排这些人去做攻坚性的工作；如果某些员工比较呆板，我们不妨安排其做考勤之类的工作，等等。总之，即便是员工的缺点再大，只要能做到因势用人，把他们放到合适的地方，他们也能发挥出正面的作用。借鉴美国总统富兰克林的一句名言："废物放对了地方也会成为宝贝！"企业用人正是如此。

2. 能者上，庸者下

当然，为了更好做到让人才都得到用武之地，管理者还应该做到使能者上，使庸者下。

《墨子·尚贤上》中说："官无常贵，民无常贱，有能而举之，无能则下之。"意思是说官吏和百姓的地位贵贱不应该长期保持不变，地位贵贱应该由一个人能力的高低大小来确定，有能力的就应该举荐为官，对于那些没有能力的就让其免官为民。

墨子的思想用在用人上，即提醒管理者要做到使能者上，使庸者下。可惜，在很多企业中，存在比较严重的论资排辈现象，并不能做到能者上，庸者下。一方面，一些资历很深的老员工尽管早已跟不上企业的发展步伐，但出于面子和这些老员工以前对企业贡献的考虑，很多老板依然给这些老员工要职，结果他们固化的思想以及对一些新领导的不配合，给企业带来了难以解决的问题；另一方面，因为论资排辈，造成很多有能力的年轻人才空有一片热情，却毫无施展平台，这无疑阻碍了年轻人才的成长与发展。

要避免这种情况，管理者必须做到能者上，庸者下，如此，才能真正为有能力有思想的人提供发展平台，使其获得发展机会。

3. 保证工作与能力相匹配

如果管理者分配的任务与员工的能力不能呈现完美匹配，那么，就一定会出现两种现象：要么大材小用，要么小材大用。如果出现大材小用的问题，那么员工的积极性和工作热情根本激发不起来，他们只会觉得自己怀才不遇，进而产生前途无望感，最后他们会很自然地想到离开；如果出现小材大用的问题，其结果就是员工感觉自己根本不能胜任工作，这不仅会挫伤员工的自信心，其他员工更是不会服气。总之，出现这两种现象，

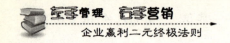

对企业用人来讲，都是不利的。

所以，管理者在分配任务或安排岗位时，一定要保证其工作任务与能力相匹配，这样才能确保员工既能完成工作，还能保持对工作的激情和兴趣。

当然，企业内部的岗位要求是相对固定的，但员工的能力却是不断增长的。伴随着员工能力的不断增长，如果企业不能及时给予调岗，那么，时间一长，就会出现"能力高于岗位要求"的"不和谐"现象，这势必会影响员工的工作激情，甚至还会使员工出现倦怠现象。

所以，身为企业管理者，必须要懂得经常研究员工的发展阶段。如果发现某个员工已经处在成熟期，那么，管理者就要适时让他们做到"百尺竿头更进一步"，把他们分配到一个能力要求更高的新的岗位，或者是赋予他们极具挑战性的工作，以此来避免这些员工滑入工作和精神饱和期，造成企业人才浪费。

建立高效能团队的 5 个步骤：道之以德，齐之以礼，有耻且格

企业人力资源优势对企业的发展和成功起着巨大的作用，要发挥人力资源的巨大作用，关键在于企业是否能成功建立起一支高效能的团队。

我们之所以探讨与团队高效能相关的内容，最终要达到的目的是为了实现团队整体绩效的提升。那么高效能团队从何而来？在建立高效能团队的过程中，我们应该考虑哪些相关因素？又该通过哪些管理方式和手段来成功打造一支高效能的团队，并真正使其发挥出作用？要建立高效能的团队无外乎做好 5 个方面的工作。

1. 选择合适的人

选择出合适的人员是组建一支高效能团队的关键。很多公司在选择员

工时，没有明确的目标，他们不关注公司的长远发展，只求"短平快"，这样选拔出的人才，或许适合组建一支高效能团队，但其中也不乏不合格之人。所以，公司在选拔人才时，一定要以严谨的态度去挑选每一名候选人，争取从中选拔出最有潜力和最具责任心的人员。

在这里为什么强调责任心？我们知道一个人的工作技巧是可以培养的，工作经验也是可以积累的，但一个人的性格却不容易轻易被改变。如果一个人缺乏责任心，他是无法将工作哪怕是再容易的工作做好的。如果企业将这样一批不负责任的员工招聘、聚在一起，他们是很难构建一支真正具有战斗力和高效能的团队的。

2. 确立共同的愿景和目标

建立高效能团队的第一步就是在团队内确立共同的愿景。愿景就是公司对自身长远发展和终极战略目标的描述和规划，简单地说愿景就是组织的未来图景。在一个组织内，团队愿景建设非常必要，愿景让每个成员都知道团队成功后的自我状态如何。组织只有确立了共同的愿景才能使团队成员自觉调整行为和动作，把自己的工作与企业的长远发展联系起来，才能统一全员的脚步，使整个团队整齐划一，从而真正形成一个高效的群体，产生 $1+1>2$ 的合力。

规划企业的愿景是有效管理的重要手段之一，每个管理者都应该学会运用愿景来激发员工的积极性，提高其工作效能。

但管理者在制定企业愿景的时候，一定要将企业愿景与员工目前最关键的需求结合起来，只有这样，企业的愿景才能令员工真正信服。为什么很多企业的愿景制定的很好，也很有煽动性，但最后为之兴奋的却只有老板一个人，而团队其他成员都觉得愿景和自己没关系。这主要是因为管理者没有把组织的愿景与成员的需求结合起来，不能给员工带来实惠、不能满足员工需求的愿景，员工肯定不会为之兴奋。

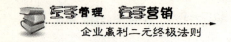

3. 制定基本的规则

"三个和尚没水吃"的故事，实际上说的就是管理上的一种"团队惰性"。如果在一个团队里，缺少明确的游戏规则，那么，每个人的职责和应该遵守的规定就不会被明确区分开来，就会因责任不明、岗位不清，导致人与人之间任务的交叉，最后势必会引起推诿、扯皮等现象，这势必会影响整个团队的凝聚力和效率。

特别是，如果团队内缺乏明确的评价和考核规则时，成员们就会更加倾向于少花力气、少做努力。如果这个团队中人员的素质参差不齐，再加上缺乏合理的激励措施和奖励机制，就更容易引起团队整体绩效不及个人绩效现象的发生。所以，为了消除"团队惰性"的障碍和危害，在团队内一定要制定明确的规则，这种规则既包括显性的规则，也包括隐形的规则。

显性规则一般包括制度、流程等。这些显性规则是员工必须遵守的，一旦违反，组织应该予以惩罚，这样才能确保制度的严肃性。相反，如果员工违反了制度，而企业不予理睬，那么，这些制度就会变成摆设，就起不到相应的约束作用。没有了约束规则，企业成员的行为就会越来越肆无忌惮，因此，此时要谈建立一支高效能团队，那是不可能的。

那么什么是隐形的规则？比如企业所宣传的道德的作用、文明的力量等都是隐形规则。越来越多的团队管理经验告诉我们，营造合理的隐形规则是建立高效能团队的必要条件。

《论语》中有"道之以德，齐之以礼，有耻且格"，这极为精彩地反映了孔子以德以礼教化百姓的思想。若将"道之以德，齐之以礼，有耻且格"套用在企业作风建设上，即可以表述为：企业用道德的力量去引导优良工作作风的建设，用文明的力量去规范员工们的行为，这样就会使那些还没有养成优良工作作风的员工因惰于工作、无视道德的需要而感到羞耻，就会促使其产生强大的内驱力，使其主动去反省失误，主动改正错误，从而变得勤奋工作。

4. 设定团队共同的行动计划

要建立高效能团队，在确立了团队的愿景和行动规则之后，接下来就是要在团队中设定行动计划。

团队制订行动计划意义重大，一份合理的行动计划是成功的开始，明确的行动计划，能确保行动行为的有效性，这也是人们建立行动的第一步。

俗话说，凡事预则立，不预则废。开展工作之前，如果我们能确立一份行动计划，那么我们就可以使工作有计划、有顺序地进行，而不是无章无法无头绪地进行。如此，就会大大提高我们成功的概率；反之，就会带来失败。

5. 提升个体效能

在有了合适的人、确立了团队规则和行动计划后，公司要打造一支高效能团队，接下来最主要要做的就是提升团队中个体成员的效能。

要提升个体效能，组织最主要做好两方面的工作：一是运用各种激励措施，最充分地激发每一个员工的才能和潜能；二是给予员工全方位的培训，保证员工能不断学习和进步，使其能永远跟得上组织发展的步伐，做到能与组织共同进步。

最后需要指出的是，构建高效能的团队绝对不是一蹴而就的事，这需要企业持续地、有序地付出努力。特别是，高效能也是一个相对的概念，它需要管理者不断进行横向和纵向的比较，毕竟今天的高效能不等于以后的高效能，因此可以说，构建高效的团队是企业追求的一个无止境的目标。

了解追随者的动机，创造吸引人才的
"软环境"：择其善者而从之

在工作中，如果问管理者最难办的问题是什么？90% 的管理者会异口同声地说：是人。"只要人的问题解决了，其他问题都不成问题"，几乎成了所有管理者的共识。

为什么在管理中，人最难办？

因为每个人都有不同的需求和动机，管理者只有了解其动机，满足其需求，才能真正地让员工安心地留在企业。

当然，每个人的需求是不一样的，一个领导贵在知道员工的需求，只有先知道其需求，才能在接下来的工作中，满足其需求。这就像一个婴儿哭，妈妈要止住其哭声，就要了解婴儿哭的真正原因，是不舒服了，是饿了，还是尿床了，等等。如果婴儿是因为饿才哭，妈妈就应该给他喂吃的。那是不是所有吃的都可以拿来喂婴儿？当然不是，妈妈只有喂给他想吃的，他才会止住哭声。

同样，在解决员工动机问题上也是如此。管理者只有明白了其动机是什么，然后针对其动机给他创造一个实现其动机的舞台或者提供一些帮其达成动机的条件，员工才能心甘情愿地留下。就像《论语》中所说："择其善者而从之。"任何人都有"趋利避害"的本能，当企业能为其提供一个良好的发展"软环境"时，他们自然选择留在企业，否则，他们就只能离开，寻找对自己发展更有利的环境。

员工的需求多种多样，但究其共性的需求是最主要的。不论这个员工身份有多特殊，背景有多特殊，他都会有以下几个方面的需求。

1. 需要有一份感觉不错的薪金收入

对员工而言，有了薪金收入，就等于有了生存的饭碗，有了生存的饭碗，就代表员工成了真正意义上独立的人。

为什么在这里强调员工需要的是一份感觉不错的薪金收入，而不是高收入呢？当然对员工而言，能获得高收入是最好不过的，但有时企业并不能为之提供"高"收入，不能为员工提供很"高"的收入，这个没关系，关键是你给出的工资能让员工感觉良好即可。也就是说，员工在追求薪资时，很多时候，要的是一种心理感觉。

这种感觉是员工在综合比较了多种因素之后，作用于自己心理的一种主观感受。怎么理解呢？也就是说员工在拿到这份工资时，首先他会先做出比较——和自己的过去收入比，如果比过去高，他就感觉好，比过去低就感觉不好；和自己的同行同岗者比，比如自己的薪资是中等偏上，他们就感觉好，如果处于中下游水平，他们就感觉不好；和自己圈内的同龄朋友比，如果自己的薪资中等偏上，就感觉良好，如果处于中下游水平，就感觉不好。可见，薪资除了能满足一个人的生存条件外，它更多是一种经过比较之后的主观感觉。管理者要使企业所发给员工的薪资能保持有足够的吸引力，如果不能达到同行高水平，起码要保证员工的薪资在同行中处于中游水平，这样才能让员工感觉不错。

2. 需要一个展现自我的舞台

人们有表现自己的欲望，这就需要企业给员工一个展示他们才能和知识的舞台，只有把知识用上，把自己的能力发挥出来，把自己的智慧彰显出来，员工才会收获一种成就感。要知道，无论一个人有多么平凡，多么普通，他们都需要成就感。因为有了成就，就意味着能得到别人的尊重，而受到尊重是任何人都有的一个共同需要。

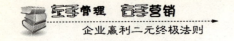

3. 需要一个成长的空间

每个人都希望自己不断进步，不断成长，企业的员工也是如此。员工在确保自己的知识派上用场、自己的能力能得到充分发挥、自己的智慧为大家所承认的同时，还需要能学到新知识新技能，这样才能让自己不断提高，避免不进则退情况的出现。

为什么很多员工会在工作之余不断充电，主要是因为如果一个人的知识"只出不进"，这就会让员工有种被掏空的感觉，他们就会感觉自己在被组织所压榨，从而缺少安全感。所以说，如果一个企业组织只是一个纯粹的充满机械性意味的工作场所，而不是一个学习型组织，那么，他是留不住人的。要留住人才，企业必须保证员工能永续成长，让员工感觉到自己随时都能进步和提高，这是比高薪更能满足员工需求的有效方法。

4. 需要一个和谐的环境

任何人都希望自己所处的环境是和谐的、积极的，这会让人感觉身心舒服，没有一个人喜欢生活在那种风气不正、乱七八糟的不健康环境中，这会让人感觉压抑难忍，所以，要给员工安全感，首先就要给员工制造一个和谐的工作环境，工作环境不和谐，即使工资再高，员工也不会快乐。这就是人们常说的"千金难买我快乐"。

此外，管理者在了解了员工所需要的4种共同需求外，也要了解员工的不同需要，因为不同的员工对某些需要的偏重程度是不一样的。比如，不同年龄段的人追求不同——对年轻人而言，他们主要追求成长；对于工作几年后的人来说，他们更希望得到组织的认同与尊重，也就是说，此时他们的成就感愿望强烈；而对于老员工而言，他们追求稳定环境的愿望比较强烈。因为这些老员工希望自己能在组织中长期干下去，而确保其长期干下去的前提就是企业能长期稳定地生存下去。

总之，一个管理者只有知道员工的动机和需求，并知道如何去满足员工的动机需要，且知道在满足员工需求过程中不同时期的处理技巧，才能创造出真正吸引人才的"软环境"，为企业留住精英部队。

第六章　将源兵魂

——团队激励、自动自发的下属管理

建立组织的愿景和战略：为政以德，
譬如北辰，居其所而众星拱之

　　孔子在论述德政思想的时候说："为政以德，譬如北辰，居其所而众星拱之。"这段话引申到现代的管理中，意思即为作为一个管理者，要想管理好一个团队或组织，从行为上，管理者自己必须身体力行，成为员工的表率；从思想和战略上，自己要明白团队的使命和任务以及愿景，并且坚定不移地带领员工去实现，这就像天空中的北斗星，处在他应在的位置，永远是那么淡然从容。白天，虽然大家见不到他；而当夜晚大家看不清前面道路的时候，他就会像灿亮的北斗星，指引着大家前行的方向。

　　在管理科学中，"愿景"是一个企业的灵魂。吉姆·柯林斯在其著作《基业长青》一书中指出："那些真正能够留名千古的宏伟基业都有一个共同点：有令人振奋并可以帮助员工做重要决定的'愿景'。"

　　愿景是公司对自身长远发展和终极战略目标的规划和描述，简单地说就是组织的未来图景。"愿景"在企业中发挥着重要作用。愿景是企业文化的重要组成部分，它是贯穿于企业每个环节以及每个角落的一种组织精神。建立成功的愿景有助于企业以此为基础制订战略计划，并为企业提供一种确立目标的参照标准。没有成功的愿景，企业就不会有旺盛的、持久的生命力。因此，许多现代企业都把建立一个成功的愿景，作为其制订战略规划过程的一个重要组成部分。

优秀的管理者要会与员工分享企业的愿景，如果可能，管理者最好让员工参与愿景的规划。如果一个管理者能让员工充分理解自己对企业长期发展方向的思路，让与自己一起工作的所有人拥有相同的奋斗目标，那么，这对激励员工不断开拓新的领域是非常有效的。我们来看一下李开复是如何用愿景激励员工不断创新的。

李开复有一次讲到自己在苹果公司工作时的一次经历："我在苹果公司工作的时候，曾向公司领导建议，从不同部门调集多媒体及相关技术的精英，组成一个新的团队，研发一系列极有潜力的多媒体产品。当时，公司的资深副总裁批准了我的请求，并要求我的主管副总裁帮助我抽调人员，组建这个团队。但主管副总裁担心新产品的风险较大，他一方面要求相关人员必须亲自表达意愿才可以加入我的新团队，另一方面又告诫大家我要研发的新产品有不小的风险，希望大家慎重选择。依照他的意思，我们只要做一个问卷调查，看看60多位技术人员中有多少人甘冒风险就可以了。而当时在公司年年裁员的压力下，如果采用他的方法，这个新团队的计划就可能无法实现了。

"在这样的情形下，我决定利用愿景来激励这些工程师与科学家。我找来这60多位技术人员开会。在会上，我描述了未来互联网与多媒体相结合后，相关新技术和新应用的巨大发展空间。与他们分享了我关于新产品的规划和设计，以及我为新的产品部门制定的愿景。然后，我鼓励他们分成小组，讨论这个愿景的可行性，以及自己的潜力将会如何因这样的愿景而得到更充分的发挥。最后，我给所有人念了美国诗人罗伯特·弗罗斯特的一首诗《未选择的路》。全诗的最后几句深深地打动了大家：

"一片树林里分出两条路，

而我选了人迹更少的一条，

从此决定了我一生的道路。

"我对他们说，这条路没有人走过，但是我们恰恰应该为了这个理由踏上这条路，创立一个网络多媒体的美好未来。会后，90%的人都决定愿冒这个风险，离开相对稳定的研究部门，随我加入全新的互动多媒体部门。后来，这个部门成了苹果公司的许多著名网络多媒体产品的诞生地。"

在这件事之后，李开复更加明白了愿景在管理中的重要性："愿景比管控更重要，制定并与员工分享美好的愿景，可以充分激发员工的参与感和积极性，可以让整个团队保持激昂的斗志和坚定的方向，管理是领导艺术的重要组成部分。"

总之，共同的愿景是组织精神的核心，是组织的灵魂，要建立成功的愿景，离不开以下几个方面。

1. 愿景要清晰

研究如何建立成功企业的胡佛在其《愿景》一书中，将清晰与持久作为了达成企业愿景的两大必需条件。

实现企业愿景是一场持久战，这很好理解，就是说愿景的实现不是一蹴而就的，它不是靠命令，不是靠规定，而是靠周而复始、持续、不断的沟通和分享。

那什么是愿景的清晰化呢？

清晰化是和"大而空"相对的，很多企业制定的愿景很宏大，很空泛，管理者不知道实现其着眼点在哪里，员工更是丈二的和尚摸不着头脑，时间一长，这样的愿景就会变成好高骛远的空虚，与空喊口号无疑。

愿景清晰化包括两个方面。

首先，愿景应该如图像化般可以被描述、可以被感知。以世界纸业十强之一的 APP 为例。他们的愿景是"透过林、浆、纸一体化，建设成为世界最大、最强的绿色循环产业"。在这个愿景里，产业限定、过程、目标都有了，可什么是一体化、最大、最强与绿色循环呢？APP 用每一个节点的清晰实现了整体企业愿景的清晰化。比如他们所谓的"绿色循环"被清晰地定义为"植树造林及制浆造纸的绿色大循环，到废纸回收还原再生的小循环"。如此，每一个组成愿景的小节点清晰了，最后大愿景自然就会清晰地呈现在员工面前。

其次，愿景之后必须有保证其实现的支撑条件。换句话说就是管理者所描述的愿景，能够通过企业现有的或者不断完善的条件来实现、来达成。

2. 让员工看到实实在在的好处

企业的愿景再伟大、再有煽动性，可是如果让员工看不到实实在在的好处，结果也只能是老板一个人兴奋得手舞足蹈，员工却怎么也兴奋不起来。

这也是为什么很多企业的愿景最终沦落为老板一个人战争的原因。那么，对于管理者而言，如何才能让愿景成为大家真正认同的同一奋斗目标呢？很重要的一点就是：找到企业与员工发展及利益的结合点，也就是——找到企业价值与个人价值之间的均衡点。这一点，我们可以向世界 500 强企业 3M 公司学习。

3M 公司在实现企业愿景的过程中，就很好地将员工的个人愿景与企业愿景进行了有效统一。比如，员工如果想当发明家，要做自己产品的操盘手，完全可以向公司申请资金用于启动自己的个人项目，只要保证用在项目上的时间在总工作时间的 15% 以内即可，当然，还有很重要的一点，就是公司允许个人项目的失败。正是这种将企业愿景与个人愿景相互结合并相互转化的做法，让 3M 公司在百年的历史中开发了至少了六万种高品质的产品，并总能持续不断地推出令人耳目一新的产品。

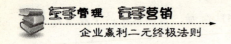

最后，需要指出的是愿景并不是一成不变的，随着企业各阶段不同的发展情况，愿景也要在坚持中做到动态调整。

组织活力与高效激情管理：无平不陂，无往不复，艰贞无咎

IBM 公司的人力资源部部长曾说："从人力资源的角度而言，我们希望招到的员工都是一些对工作充满激情的人。这种人尽管对行业涉猎不深，年纪也不大，但是，他们一旦投入工作之中，所有工作中的难题也就不能称之为难题了，因为这种激情激发了他们身上的每一个钻研细胞。另外，他周围的同事也会受到他的感染，从而产生出对待工作的激情。"

没了激情，企业就会是死水一潭；企业中的员工，就是死水里的鱼，那种缺氧的氛围让人绝望，会让人窒息。好的管理者必须要学会激发员工的激情。

在世界级领导的制胜之道中有一条非常重要，那就是——激情管理。

什么是激情管理？激情管理就是管理者通过激发员工的超常情感，并使这种高昂的状态得以延续和保持的一种管理模式。在激情管理中，管理是手段，激情是目的。通过一定的管理路径，开启员工激情的引擎，让员工在工作中倾注激情并回报企业，实现企业与员工的同步发展、共同成长，这才是激情管理的核心。

在中国，古人先贤早就认识到了"激情管理"的重要性。当然，那个时候，他们并不将其称之为激情，而是称为"士气鼓舞"。

儒家很早就认识到士气激励在军事活动中的作用。据《尚书》记载，商汤、周武在带兵作战之前，都要举行誓师动员大会。在儒家的兵学经典——《司马法》中还提出了很多稳定军心和提高士气的方法。可以说，在古代武器装备普遍落后的情况下，士气的高低是决定战争胜负的关键因素。

此外，中国古代兵家还有"励气"之说，也同样强调了激励军心士气对战争胜败的重要性。很多兵家指出，两军对垒，兵力的强弱并不是制胜的绝对因素，如果敌方实力强大，但军心士气低落，那么，不必交战，敌方已陷于劣势；同样，即便是己方实力不如人，但己方士气大震，也能以弱胜强。

《周易·泰》中说："无平不陂，无往不复。"意思是说凡事没有始终平直而不遇险阻的，也没有什么事情是完全可以始终直线向前而不遇折回反复的。对企业来说，也是如此，在发展过程中，企业总会遇上这样那样的困难和挫折，高明的管理者总会在企业处于危机时，鼓舞员工的士气，重燃员工的激情，让员工于困难中看到希望。

无数案例证明，一个企业的成功不仅仅取决于它所拥有多少资源，在很大程度上还与其员工的工作激情密不可分。这不仅表现在一个企业的成功运作需要员工高涨的激情，还表现在当企业面临困难或者严峻的挑战时，员工们充满激情地去应对困难往往可以使企业转危为安。

在中国，谈到激情管理，有一个人不得不提，那就是马云。并不是所有的企业CEO都能成为员工的偶像，马云之所以能成为全体员工的偶像就在于他能为员工提供富有激情的价值观。

很多管理者都梦想着成为马云一样的领导，都渴望自己能像马云一样打造出一支时刻都激情四射的团队。但遗憾的是，员工缺乏激情却一直是困扰企业发展的难题。一项关于在职员工懒散状态的统计数据看了非常令人震惊。根据盖洛普公司的报告显示，每10个员工中就有7个每天处于闲散状态，这种状态给企业的生产力、效率、收益以及质量带来的损失是难以估量的。

为什么会出现这样的问题？员工激情缺乏的"根"在哪里？说得不好听一点，很多管理者学习马云没有学好，反倒扮演了员工激情大盗的角色，也就是说在工作中，很多管理者一直扮演着员工激情杀手的角色。

为什么我们说管理者是员工激情杀手？观察一下我们周围，我们会发现，每一件扼杀员工激情的事情都是由一系列看起来非常琐碎的小事件构成的。如果我们把这些扼杀员工激情的事件罗列出来，我们会在清单上发现很多熟悉的场景：过于苛刻的评估，让员工得不到认同感；一项项枯燥冗长的会议，消磨掉员工大量的时间和耐心；缺乏正面的鼓励，员工毫无荣誉感可言；比面对面更加啰唆的电子邮件，远远超越对员工的口头批评；缺乏指导……正是这无数件很小甚至小到让管理者忽略的小事，最后却夺走了员工的激情。所以，对管理者而言，要做好激情管理，就必须先从着手解决这些小事开始。

具体而言，管理者可从以下几个方面入手。

1. 不断给予员工认可

当员工完成了某项工作时，最需要得到的是组织或管理者对他们的认可。管理者对下属的认可是一个有力武器。

当你的员工取得优异的成绩或者取得了进步哪怕是微小的进步，管理者不妨向员工表示一下祝贺，这种祝贺可以是一个短信、一个电话，也可以是在公共场合给员工的一次拍肩，也可以是一个简短的小纸条……这类看似简单的、非正式的、小小的认可与鼓励，有时比公司一年一度召开盛大的模范员工大会还有效果。

2. 赋予员工荣誉和头衔

管理者为工作成绩突出的员工颁发荣誉称号，让员工认识到自己在某个方面或者某一领域是出类拔萃的，更能激发他们的激情。

当赋予员工某种荣誉称号的时候，管理者最好要举行适当的颁发荣誉的仪式，让员工感觉到自己在公司里是被重视的，这是影响其工作态度和士气的关键因素。

3. 给员工归属感

很多员工缺乏激情，是因为他们缺乏归属感。要打造员工的归属感，很重要的一点就是要建立一个和谐的团队。

只有团队和谐，员工之间的交往和交流才能更轻松、更亲密，人与人之间才能更有人情味。如果团队不和谐，员工一进办公室就想着钩心斗角，就害怕被排挤，就担心自己融不进团队，别说激情，就连踏进这样的屋子，员工都会感到发憷。

激情是工作的灵活和活力源泉，也是个人和团队成功的基石，让激情在团队内不停扩散是一个管理者的重要职责，也是管理者成功的秘诀。对优秀的管理者而言，衡量他是不是把自己的团队带领好了，一个很重要的指标就是——他是不是能把员工的激情焕发出来。

当然，激情是人的本能反应，如果一个员工自身不做出改变，那么他在工作中的成就将会极其有限。对于优秀的管理者而言，一个重要的课题就是激励员工乃至企业整体把激情释放出来。

找出做人做事的动机并给予满足：志于道，据于德，依于仁，游于艺

员工的工作动机说白了就是员工的心理预期，再直白一点，就是员工在想什么、想要什么。很多管理者觉得员工难管，觉得人才难留，在很大程度上是因为他们缺乏对员工心理预期的管理。也就是说他们根本不明白员工到底在想什么、想要什么。

事实上，任何员工进入一个组织都是带着一定的预期而来，管理者只有明确员工的心理预期，才能满足其心理需要。员工也只有在心理预期得到满足后，才会心甘情愿地为企业付出，才会产生自动自发的工作状态。

著名管理学家卡特·罗吉斯说："如果我能够清楚地知道他（员工）的动机是什么，如果我能知道他表达了以后的感觉如何，那么我就敢信心十足且果断地说，我已经充分了解了他，我就有了足够的力量去影响并改变他。"可见，管理者只有了解并满足员工的动机，才能让自己更好地影响他，使他紧紧跟随自己。

那么，员工有哪些动机呢？我们通过什么方法来发现员工的动机？在满足员工动机的时候，管理者又要注意哪些事项呢？

前面已经讲过，员工进入企业的动机是多种多样的，但究其共性的动机或者说是共性需求无非包括四项：一份感觉不错的薪金收入——物质上的动机；需要一个展现自我的舞台——成就动机；需要一个成长的空间——自我发展动机；需要一个和谐的环境——稳定的生存环境动机。其中，物质上的动机还包括与薪金收入相配套的保险、住房公积金以及股权需要等；其自我发展动机包括职权奖励等需要。

此外，我们还讲到不同年龄阶段的人、不同背景的人，其动机也不同，这就要求管理者结合员工不同年龄、背景等，满足其不同的动机需要。

那么，我们通过什么方法来发现员工的动机呢？最主要的方法就是管理者要做到主动沟通。

要发现追随者的动机仅靠管理者主观的猜测和想象是远远不够的，主观的猜测和想象很容易就造成管理者一相情愿的局面。管理者站在自己的角度，一相情愿地想象某个员工最想要得到的是什么，其事实是，员工和管理者想的根本就不一样。比如，很多管理者觉得员工的最大动机是高薪，可员工真正想要的是管理者能有意识地放权，提升自己的领导力，这就是一相情愿的残酷性。

任何一个追随者的动机都是具体的，也是不同的，管理者要真正满足员工的动机，第一点就是要放弃一相情愿的猜测，通过不断地沟通来掌握员工的真正需求。

在沟通时，管理者一要做到"勤于沟通"，也就是说要多和员工沟通；二要做到"主动沟通"，即不要等到员工产生了不满情绪或者要离职时，管理者才想起去了解员工的真正动机和需要；三要"有效沟通"，即在沟通时，管理者要放下架子，和员工真诚交流，让员工敞开心扉说出自己的真实动机。如此，我们才能真正了解员工工作的动机，才能在今后的管理中，有针对性地给员工提供实现其心理预期的舞台和条件，真正起到激励作用。

同时，在满足员工动机时，管理者还要注意不要将追随者整齐划一。什么意思呢？就是说每个人的动机都是不一样的，管理者在满足员工需求的过程中，不能搞"一刀切"，不分员工的差异性和个性，就全部采取同一种形式，如此激励员工的效果并不会理想。更为值得关注的是，还有一种领导以个人的经历和作为来评估员工的需求，这也是一种错误的做法。最好的做法就是管理者通过不断与员工沟通，了解其真实想法，并做到区别对待。

工作动机是一种心理状态，它是员工行为的原动力，也是员工行为的直接驱动力量。管理者要做好团队激励，让员工具备自觉意识，就必须要了解员工的动机，找到其动机，然后有针对性地满足他，才能激发起员工的积极性与主动性，才能让企业拥有一支自动自发的团队。

用重要的工作去激励下属：择其善者而从之，多见而识之，知之次也

子曰："盖有不知而作之者，我无是也。多闻，择其善者而从之，多见而识之，知之次也。"意思是："大概有一种对事物并不了解就去做的人，我不是这样的。多去听一听，选择其中好的加以学习，多去看一看，

并记在心里，这样的知，是仅次于智慧的一等。"

在这里孔子强调了一种智慧——对自己根本不懂的，要多听、多看，然后有选择地学着去做，这样，才能不断进步。

同样，在企业内，员工要不断进步，也离不开多听、多看，离不开有选择地学着去做某些事情。当然，员工能获得"做"的机会，前提是管理者愿意赋予员工一定的任务，特别是如果管理者想最大限度激励员工，想打造一支自动自发的团队，就要敢于赋予员工有挑战性的工作、重要的工作，如此，才能给予员工最广阔的发展空间，真正达到促进员工成长与进步的目的。

在很多谍战片或战斗片中，我们经常会听到一句很经典的台词——"请首长放心，保证完成任务"，我们有时候也会想象着说这话的人要是自己该有多好，毕竟谁都想当英雄。使用，即让员工有事情可"做"，是对员工最好的培养，要培养他就让他工作。重任是每一员工潜意识里的一种潜需求，无论他是不是能胜任，管理者给他重任他就会觉得自己被重视，就会为此感到光荣和骄傲，很多时候，如果管理者能给员工一些具有挑战性的工作，员工就会发挥出超乎寻常的能力，这就是委以重任的巨大激励作用。

敢于委以重任，说白了就是对下属的一种信任。松下幸之助认为，不论任何工作都可以交给下属处理。敢于把重要的工作交给下属是激发下属潜能发挥的突破口，并且也是使下属从工作中获取成就感的重要秘诀。

松下幸之助曾说过："用人，就要信任他；不信任，就不要用他，这样才能让员工全力以赴。"对于年轻而又没经验的员工，松下幸之助同样敢委以重任，这是松下电器的作风。

1926 年，松下幸之助准备在日本的金泽开设办事处，他找到一个年仅19 岁的小伙子，告诉他马上去负责这件事情。小伙子对松下的决定感到惊讶极了，因为自己也不太相信自己的能力，他不断跟松下幸之助描述自己如何年轻，如何能力有限。

但松下并没有改变想法，他依然鼓励这个小伙子去办这件事情，并鼓励他一定能把这件事情办好。结果，这个小伙一到金泽，就立即着手工作，并把每天的进展都写信告诉松下。第二年，松下有事经过金泽，年轻人率领自己的员工去请董事长检阅工作，为了表示自己对小伙子的信任，松下没有进厂检查，而是直接告诉小伙子："你当面汇报就可以了，我非常相信你。"小伙子非常感动，在之后的工作中，他更加努力，金泽办事处越办越好，给松下带来了意想不到的利润。而小伙子也成了松下公司的数一数二的骨干员工。

东芝公司总裁土光敏夫说："人的工作情况必须在能力之上。"当管理者赋予员工有挑战性的重要工作时，员工的激情和斗志会更容易被唤醒，员工更容易被激励。很多管理者总是想着用各种各样的方法去激励员工，很多时候，任务本身就能激励员工，所以，赋予员工以重任，激发他们的成就欲可以起到很好的激励效果。

根据梅奥的人际关系理论可知，人不仅是"经济人"还是"社会人"；人不仅有经济需求，还有社会需求，其社会需求就是——注重自身价值能否得到社会和他人的认可。具体到管理中，就是说每个员工除了有经济需求，更注重心理收益。这种心理收益主要包括满意度、成就感、被认同感、身份标志等。重要的工作一般是指有很大价值和影响性质的工作，它需要员工认真、努力、积极地发挥创造力才能完成，这种工作的完成能够带给员工成就感，让员工获得心理收益。从另一个角度来说，企业把重要的工作赋予一个员工，就意味着领导重视他、看重他，并肯定他在企业发展中起到的重要作用，从一定意义上来说，管理者的这种认可是任何物质奖励都无法取代的。

况且，我们都知道，一个人自信心的提高是在经历了困难与危机后，才能取得。并且所经历的逆境越艰难，自信心的提高幅度就越大。重要工

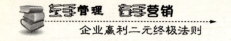
作尤其是具有一定难度的重要工作会让参与其中的人在心智与体力上都得到锻炼，这有利于进一步培养一个人的自信。一旦所做的重要工作成功了，那么他就会产生一种无论什么事情都能干的自信。

曾经有人做过一项调查，结果显示，工作越重要，人们越感兴趣。一般来说，人们觉得越是重要的工作就越有意义，在任何员工眼里，那些不重要的工作只不过是下脚料而已。

人人都需要成就感和自豪感，但员工承担了主要任务并且完成任务的时候，他们就会产生成就感，并会真正觉得自己对团队重要，认识到自己是团队成功不可缺少的一分子，并知道他和团队是紧密联系在一起的，由此，他就会对团队产生强烈的责任感，从而不断提高效率，高要求地完成自己的工作。

当然，管理者委以员工重任时，也要量力而"委"，切莫一下子把员工压趴下了，那就适得其反。管理者可以根据员工的反应的阶段性，不断赋予员工具有挑战性的重要的工作，使其工作扩大化和丰富化，以帮助他们更好实现自我价值，使他们能够保持充分的工作积极性。

特别是在员工产生负面的注意力时，积极地赋予员工重要任务，可以分散员工的负面注意力，使员工完全将身心投入到工作中，以对工作的体验和兴趣来取代他们对组织环境的敏感，这对团队的稳定也是非常有利的。

学会授权培养"岗位主人翁"：知治身，则能治国；内圣外王，其理一贯

我国当代传统文化的倡导者和传播者，国学实践应用专家，经济与文化学者翟鸿燊说："知治身，则能治国，内圣外王，其理一贯。管理者以严格的要求修身，以博大的胸怀为人，自强不息，厚德载物！"可见，拥

有博大的胸怀是管理者内圣外王的重要条件。

管理者拥有博大胸怀的表现有很多，比如包容员工的多样性和不同见解；比如能够客观、公正地处理，不带有情感和个人利益色彩；再比如给下属试错的机会；等等。当然，管理者拥有博大胸怀还有一个重要表现——敢于授权——不惧怕下属超越自己，不限制使用，给予其权力，充分发挥和发掘下属的才能。

授权，对于每个管理者而言都不陌生，但在实际管理中真正做到授权的却很少。管理者不能做到真正授权的原因有很多，其中原因之一是很多管理者害怕下属权力过大，会不听指挥，会功高盖主。他们觉得如果自己的下属被提拔，自己的饭碗就会保不住。

事实上，权力是很奇怪的东西，你给下属的自主权越多，越能说明你对下属的信任，就越能激发他们的主人翁意识，你们部门的任务就会完成得越快、越多。相应地，你所在部门的业绩就会越来越好，你的影响力也会随之扩大，你升职的机会就会越来越多，你的权利也会随之扩大。

作为一个管理者若不善于授权，事必躬亲，这是管理者的大忌。英国证券交易所前主管 N. 古蒂逊说过："一个累坏了的主管，是一个最差劲的管理者。"一个管理者如果因为害怕授权，总是把大大小小的权力都攥在手里，事无巨细，自己累得够呛，而下属却闲得无聊，这绝不是一个英明的管理者。一个英明的管理者就是能让下属发挥出才能，并刺激下属自动自发地去完成他所要完成的工作，而不是管理者自己亲力亲为——这才是管理的真谛所在。

管理者都喜欢自动自发的员工，如何激发员工的主动性？那就是授权、授权再授权！授权意味着你对他的信任，当一个人被信任的时候，他就会迸发出更多的工作热情和创意。授权也意味着承担责任，因为被授权，因为明白了自己的责任，员工则能从被动的执行者变为积极的创造者。

微软公司成功的一大关键因素就是赋予员工很大的自主权，比尔·盖茨曾经说过："我采取的领导方式就是：放任，不用任何规章去束缚员工，让他们在无拘无束的信任氛围中，发挥每个人的创意和潜能。"在微软，大部分的工作都是由员工自己决定如何去完成。在这样的工作氛围里，微软的员工总能投入极高的热情，并能以极高的工作效率来回报企业对他们的信任。所以，我们建议能授权的事情就尽量授权，要知道，最好的管理者不是权力至上的人，他们更愿当员工的支持者和教练。

那么，管理者如何才能做到真正授权，做到有效授权呢？要做到有效授权，正确的心态至关重要。

1. 用正确的心态看待权力

权力并不是握得越紧越好，适当地分享权力，让员工成为英雄，这才是领导者赢得下属追随的最好办法。正如一位成功企业家所说的："如果最高领导者从来都不让他的员工分享权力，分享成功荣誉，而是把功劳全往自己身上堆，那谁还会跟着他干呢？除非是傻瓜。"

2. 信任是授权的基础

信任决定授权的成败。作为管理者一旦选好下属，就应该果断授权，不要在授权之后对下属又婆婆妈妈，指手画脚地干预，这样一来是让下属感到左右为难；二来会给下属一种不被信任的感觉，在他们看来，自己虽被授权，其实质还是一个单纯地执行者而已，时间一长，下属势必会失去对工作的主动性。所以，如果你想你的下属能拼尽全力地去完成你交代的任务，那么就请把你的不信任之心收起来，这才是管理者的高情商高智慧的表现。

《孙子兵法》中有一段精彩的论述："君子所以患于军者三……将能而君不御者胜。"君主把军队搞坏的理由可能有三：前进的时候，他不知怎么前进就号召前进；该撤退的时候，他不知什么时间撤退就号召撤退；君主根本不知自己的军队有多大实力，就乱下命令。实际上，最了解这些问题的是将军。也就说将有能力，君又不瞎指挥，这样的军队才能胜利；反过来，如果将无能，君又瞎指挥，这样的军队势必会失败。"君"和"将"代表了不同的职责分工，引申到现代的管理中来，高层领导就是要给中层干部创造工作条件、为其指明方向，在具体问题上不要过多干预。如果不是这样，而是领导者自己包揽一切，那么这就不是一个好领导。

3. 不因下属犯错而担心

很多管理者，尤其是中层管理者不敢授权，是因为他们害怕授权给下属，下属会犯错误，尤其是比较大的错误，他们害怕"惹祸上身"，这种做法是不对的。

举个简单的例子来说，你陪新手去开车，你就要充分授权给他，要不然他怎么能开好车呢？一方面，你担心他开不好车，出车祸；另一方面，你又明白，如果不给他机会，他就永远不会开车。这个时候怎么办？如果你发现他方向盘的方向不对或者是油门踩得不好，只要不出现车祸，等他转弯后，你可以再告诉他错在哪里，也就是说你必须允许他犯错。总不至于，他只要一错，你就开口训斥吧，这样他不但学不好开车，反而因为担心犯更多的错而紧张，甚至使他丧失继续开车的勇气。

员工在工作中难免会犯错误，这是每一个人都要经历的过程，这个时候作为管理者应该鼓励他们的信心，给他们勇气，让他们不要在困难和失败中退缩而不是一味打击他们。

总之，我们建议每一位管理者都要学会授权。通过有效授权，让自己从晕头转向的忙碌中走出来，而被授权者因为感受到责任和信任，会大大提升自己的工作主动性，提高自我管理能力，使自己更好地做到与企业同步成长。一句话，有效的授权能为企业带来高效率的团队和理想的业绩。

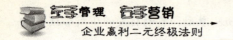
那么，管理者要在什么时候授权呢？

一位著名的企业战略家说过："当你（管理者）感觉要自己要处理的事情毫无头绪，自己完全变成了一个忙碌主义者时；当你的员工整天闲得无聊时；当你的员工事无巨细都得向你请示时；当你的企业内有了紧急情况时——这时，你确实要考虑授权了！"

最佳团队的"狮狼协作"模型：天时不如地利，地利不如人和

在管理中，流传着一句话："一头绵羊领导一群狮子，绝不可能打败一头狮子领导的一群绵羊。"意思是说，如果领导者像狮子一样坚强有能力，那么，其下属一般也不会轻易示弱；反之，如果领导者像羊一样懦弱，即便是下属有能力，也会造成无用武之地的现象。这道出了一个真理：一个团体强与不强，关键在于领导。如果领导很强，团体不强也强；如果领导懦弱，团体强也不强。

狮子也好，羊也罢，都只不过是比喻性的说法，在这里，我们重点强调的是这两种动物所代表的是两种不同风格的人。

狮子，个性刚强，有着超凡的领袖才能，它们善于捕捉机会，特别是，狮子具有的绝不仅仅是霸气，看过《动物世界》的朋友都清楚，狮子在狩猎时，还非常善于把握大局，不仅精于调配，果断决策，更能做到审时度势选择放弃或继续追击。

在管理中，我们都希望自己能跟随"狮子"型领导。为什么？俗话说："兵雄雄一个，将雄雄一窝"，在商场这个没有硝烟的特殊战场上，"狮子"型领导具备常人没有的市场意识和敏锐的商业直觉，他们是企业最有魄力最有胆识的执行官，跟随这样的领导打仗，不仅能军心稳定，士气高涨，更重要的是他们能为企业为员工带来利益和效益，让员工看到实实在在的实惠。所以，从这个角度来说，"狮子"型领导是最佳领导。

当然，我们知道，一个好的团队光有好的领导是不够的，还要有好的下属团队，与"狮子"型领导搭配最佳的是哪种类型的员工呢？

是"羊"型团队吗？不是！与"狮子"型领导搭配最佳的应该是"狼"型团队。

为什么是"狼"型团队而不是"羊"型团队呢？

一般来说，"绵羊"型团队顺从、听话，却很少有自己的主见，加之"狮子"型领导过于强势，一般事情都喜欢亲力亲为，这就导致"绵羊"型人才得到锻炼的机会很少，致使他们成长的速度也比较慢，时间一久，在"狮子"型领导＋"绵羊"型团队为主的企业很容易就会出现"大树底下不长草"的奇怪现象，因为"土壤"资源固定就那么多，"树"太大，"小草"就没了机会和资源。所以说，"狮羊协作"并不是最佳的团队模型。

而"狼"型团队和"绵羊"型团队不一样，狼极具野性，一般来说，它们的能力和个性都很强，即便是在"狮子"型领导下，他们也要在该保持本色的时候保持本色，而不会像"绵羊"型那样一直顺从。

当然，与羊相比，狼还具备很多强者特质：坚韧、竞争意识、勇往直前的勇气、遭遇失败时不屈不挠的态度等，特别是，狼还是专注的代名词。狼在捕食猎物的过程中，有一种代代相传的本能，那就是对一个目标有一种"咬定青山不放松"的劲头。在面对目标猎物时，它们不会心无旁骛，只会狠狠地盯住一个目标，直到把食物囊括腹中。所以，对"狼"型的团队成员而言，其天生的执行能力更优于其领导能力。

此外，与羊虽然有群，却无群体合力相反，狼天生具备协同对敌的精神，这是它们成为强者的最有力武器。

我们都知道，如今的营销再也不是往昔以单兵作战为主的推销时代，任何一位销售人员的成功都离不开团队的配合和支持，而"狼"型团队的协作精神正是现代营销急需的。特别是"狼"型团队的和谐度高，这无疑

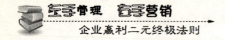

更大大提高了团队的执行力。

　　所以，在一个企业内，由"狮子型领导＋执行能力强的狼型成员"组成的团队来完成各种决策是最优的选择。企业也只有将最优的领导与最优的执行团队组合在一起，才能发挥出团队的最大作用力，从而取得最大发展与最好业绩。

下篇

右手营销

打造战无不胜、无往不利的营销铁军

第七章　营销特质

——营销高手必备的 5 种能力

超级思考力

有一个著名的营销专家曾经说："在走访市场的时候，很多同事或者是合作伙伴都会问我一个问题，那就是如何才能成为一名优秀的业务人员，如何才能让自己快速成长。我告诉他们快速成长的方法有很多，但有一点是必须强调的，那就是——锻炼自己的思考能力。为什么？因为思路决定了出路，思路决定着一个人的行为方式，决定了一个人事业成就及事业的方向。"

我们在工作中，经常会看到这样的现象：同样是走访市场，同样是拜访二级经销商、零售商、消费者终端；拜访的方式同样是常规通路、特殊通路或者主卖场；拜访者同样是一名业务代表、一名经理或者一名总监，为什么在拜访之后却产生如此不同的想法和感受？是什么造成了这些不同？

问题的本质是：思考力。

思考力是什么？

思考力是解决问题的根本，思考力不仅能让问题迎刃而解，而且我们常说的先见之明也是从思考中产生的。我们所说的计划、目标和成就，也都是思考的产物。谁具备了优秀的思考能力，谁在竞争力的提升上就会有更多话语权。相反，没有正确的思考，人们就不能克服一些不好的习惯。具体到销售人员来说，若没有优秀的思考能力，就不能有效规避一些销售陷阱和错误，就难免会遭遇拒绝。下面案例中的销售人员正是因为缺乏深入思考，才导致成交失败。

一位女顾客走进店里。

"你们这里的东西似乎都比别的商店里贵。"女顾客说。

"怎么可能？我们这里的售价已经是最低的了。"店员忙着说。

"你们这里的沙拉酱就比别家贵了一些。"

"噢，你说的那是××牌吧，那可是次等货，可以说那是最差的一种，因为品质不好，我们这里早就不卖了。"店员忙着解释说。

女顾客讪讪的，明显有些不好意思。

为了卖出产品，店员又推销："吃的东西可不像别的，这可关系到一家老小的健康，您何必非要省那一点钱呢？这种牌子是目前最好的，一般来说，识货的消费者都会用它，不仅质量好，味道也非常好。"

"还有没有其他牌子的沙拉？"女顾客问。

"有是有，不过那些都不如这个牌子好，与这种牌子相比，那些都算是低级品，您要是真想要的话，我现在就带您去看看。"

"算了，我以后再买吧。"女顾客面有愠色，头也不回地就掉头就走。

在这个案例中，这个店员可谓是实在有点笨，在顾客说这个牌子的沙拉贵时，店员却还是一个劲强调这个品牌如何如何的好，并让顾客产生一种感觉——便宜的就是次等货，并且买便宜货的人就是不识货，这不是在说顾客不识货吗？让顾客这般不高兴，不用多说，顾客肯定会放弃购买。显然，这个店员是没有站在顾客的角度考虑问题，也没有弄清顾客的心理需求，这是一种典型的缺乏思考能力的销售表现。

缺乏思考能力是销售失败的一大因素，很多销售人员在考虑问题的时候喜欢从主观出发，忽略了客体和客观环境，这对成交是非常不利的。所以，要成为营销高手，销售人员必须要学会正确思考。

思考决定了行为，一个人一旦学会了正确思考，就能使自己的主体性与客观对象及其所在的环境保持一致，在人际关系上就能生出包容心理，这有利于培养一个人良好的心态，良好的心态又可以有效指导一个人的实践。

那么，我们该如何养成良好的思考习惯，并且不断提升自己的思考力呢？可以从以下几个方面锻炼自己。

1. 尽可能多地收集有效信息

信息量本身并不会产生多少差异。很多人每天接触到的信息量差不多，但在智慧、能力方面，人与人之间却存在着很大差异。对任何人而言，接受同样的信息，胜负的关键就在于我们能否从中获取有价值的内容。

那么，我们如何从收集的信息中获取有价值的信息呢？有两种方法可用，一个是归纳法，另一个是演绎法。两种方法的概念我们不多说，需要强调的是在垃圾信息充斥的时代，我们对信息不能全盘接受，一定要学会提取有效信息。

2. 多问几次为什么

在学习一项知识时，我们必须问自己三个重要的问题：它的本质是什么？它的第一原则是什么？它的知识结构是怎样的？回答清楚这三个问题，对锻炼我们的思考力是非常有利的。

3. 掌握"重点思维"

学会正确地思考，要做到两点：第一，必须把事实和纯粹的材料分

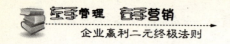

开；第二，一般来说，事实分为两种：重要的和不重要的，我们必须不断思考，找出重点，把握主流。

4. 求同求异

多做比较，从不同角度进行比较，既要找出事物之间的相同点，也要找出事物之间的不同点。为了做好求同存异，我们可将它们一项一项列出来，不断进行比较，这样才能发现规律，掌握事物的特性。

5. 运用多种思考方式

比如逆向思维、移植思维、发散思维等多种思维进行问题的思考。

此外，需要强调的是一个人只具备思考的能力还不够，最重要的是要将思考转化成实践能力，也就是说要促进知识向能力转化，真正做到理论联系实际。

作为销售人员如何做到理论联系实际，并在工作中加以运用呢？不妨从以下几个方面入手。

第一，对平时收集的信息进行整理、分析、汇总。比如销售人员做好市场月度信息收集、整理、分析的汇总表等。

第二，结合市场现状做出"SWOT"分析，制定出适合本区域的销售策略。比如，销售人员要明确年度、季度、月度的营销策略。

第三，根据营销策略，制定出自己的工作重点。比如，销售人员要明确个人的年度、季度、月度的工作重点。

第四，按照"PDCA"循环系统，不断检查策略和工作重点是否正确。比如销售人员要对自己的任务进行不断跟踪、检核、完善。

此外，为更好培养销售人员的思考能力，管理者要学会提升理论，使销售人员深刻理解事情的本质。

销售离不开销售例会，在例会上，管理者会对销售员遇到的问题进行研讨。虽然这样的研讨能有效地帮助销售员解决工作中的困难，但很多管理者都觉得很辛苦——因为类似的问题，下次销售人员还得要你教。于是，很多管理者都觉得员工思考力差。事实上，导致这种结果，很重要一个因素是因为管理者缺乏理论提升，难使销售人员深刻理解和吸收问题，导致只知其然不知其所以然，因而不能有效扩展或复制成功经验。

总之，要提高销售人员的思考能力，既需要销售员自身的努力，也需要管理者的帮助和配合，只有这样，员工才能快速养成良好的积极思考的习惯。

超级行动力

我们经常强调人生应该有理想，但理想不是人生的最终目的。决定人生价值的不仅是人的理想，更重要的是行动。行动成就一切，有行动才能达成目的。墨子说"志行，为也"，意思是说意志付于行动，那才能称之为有作为。宋代儒学大师朱熹说："论先后，知为先；论轻重，行为重。"清代名臣曾国藩始终坚持着"天下事知得十分，不如行得七分"的准则，这样的行事准则才最终使他成为了文能治国、武可用兵的名臣、名将。

人生的理想和目标只能通过人的行动才能实现。行动是人最好的老师，也是人生最宝贵的财富。离开积极的行动，我们的发展便无从谈起。行动展示个人价值和意义，只有通过自己的行动，一些"小人物"才能变成大人物，才能得到别人的认可。

人的行动是来源于行动力。什么是行动力？行动力是指人们愿意不断学习、思考，养成良好的习惯，进而获得导致实现目标结果的行为能力。行动力是一种良性的推动力，行动力强的人，行为的主动性高，且具备一定的冒险精神，他们倾向于在不断尝试的过程中不断提升；特别是，行动力强的人对目标的未知因素没有畏难情绪，他们不怕困难和挫折。可以

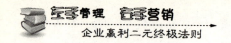

说，一个人的行动力越强，就越容易成功。

任何人要取得理想的结果，就必须要有超强的行动力。尤其是对销售人员来说，行动力更是他们必不可少的特质。

销售业绩在很大程度上是跑出来的，只坐在办公室里打打电话、动动嘴就能出业绩的时代早已过去。不管在任何行业或企业中，我们都可以看到，一流的销售员有一个共同点，就是他们拜访客户的次数比平均值高；而业绩较差销售人员的拜访次数则比平均值偏低。一般来说，销售人员拜访客户的次数是和销售业绩成正比的。

我们知道，要实现销售，销售员必须先与人会面，在双方熟悉之后，再介绍自己的产品，这样销售工作才会比较顺利。无论多么聪明的销售员，如果不与客户接触，就没有办法很好地开展自己的工作。

很多销售人员看着身边的同事成为销售冠军、销售亚军，自己羡慕得不得了，临渊羡鱼不如退而结网，坐而论道不如起来行动，对别人即便有再多羡慕，如果不行动，自己也不会有丝毫提升。

人人都都想成为销售冠军，人人都想成为推销之神，这就更离不开行动。任何一位销售高手的优异业绩都是用行动写成的。日本推销之神原一平就是一个最好的例子。

在一次大型演讲会上，台下数千名听众静静等待着原一平的到来，谁都想听听他的成功秘诀。等了大约10分钟后，原一平终于来了。但令大家莫名其妙的是，他走上台，坐在椅子上却一句话也不说。就这样过了大约40分钟，有人终于等不住了，陆陆续续离开会场。大约1个小时后，原一平还是未开口，这时，会场上的人已经走了四分之三，又等了会，会场上大约只剩下十几个人了。此刻，原一平终于说话了。他说："你们是忍耐力最好的人，我会和你们分享我成功的秘诀，但不方便在这里说，请去我住的地方吧。"就这样，十几个人尾随原一平到了他住的地方。到房间后，原一平脱掉鞋袜，然后把他的脚板亮给大家看。

人们看到那是一双布满了老茧的双脚，原一平脚板上的老茧大约有3层厚。"这就是我成功的秘诀——我的成功是跑出来的。"人们顿时恍然大悟。

曾有人问古希腊著名的雄辩家德谟斯特斯："雄辩的第一要点是什么？"

德谟斯特斯说："行动。"

"第二要点呢？"

"行动。"

"第三要点呢？"

"还是行动。"

可见，敏捷的行动力是成就任何事情的关键。

那么，对于销售人员来说，如何才能拥有超级的执行力呢？

1. 不厌其烦

试着不断去接触客户，不管成交的机会有多大，只要有可能，就要抓住一切机会。当客户有需求时，我们应立即放下手边的工作赶去处理，只要确信对客户有帮助，再辛苦我们也要不厌其烦。要知道，敏捷的行动力对销售业绩的提升是非常重要的。

2. 拜访客户越早越好

很多人在拜访时，总是喜欢拖拖拉拉，事实上，拜访客户越早越好。你和客户约定的见面时间越早，你一天中能够拜访的客户数量就越多。有一位非常著名的保险推销员，他在早上8点半之前就能拜访完三个客户。他是这样做的：7点的时候，他就跟第一位客户喝咖啡；7点40分的时候，他就跟第二位顾客喝果汁；大约8点的时候，他就跟第三位顾客吃三明治。也就是说，他的早餐是分三次来吃的。

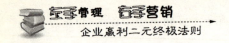

3. 设想成功

设想成功实际上就是一种积极的自我暗示，在拜访客户之前，如果产生恐惧心理，我们不妨先想象自己会成为公司甚至是行业的销售冠军，那么，在行动时，我们就会想办法克服恐惧，全力以赴争取达到目的。

行动力是实现良好结果的根本，不论一个销售策略、战术研究有多完美，没有行动，一切都是空谈！

作为管理者，要打造一支战无不胜的营销铁军，就必须要懂得提升员工的行动力。

一般来说，员工行动力差的原因有三：不愿做、不敢做、不会做。

不愿做就是员工对工作提不起兴趣，针对这类员工，管理者一方面要充分充分考虑业务人员的回报；另一方面要引导业务员看到自身工作的意义。

不敢做就是员工在面对工作时总是胆怯，并不断给自己找退缩的借口。要激发这类员工的行动力，管理者要做好两方面的工作：一是，从心理上为员工排除障碍，告诉员工从陌生到不陌生是必经的一个过程；二是，给员工一定的帮助，可以采取以老带新的措施，帮助新业务员走出第一步，有句话叫作"扶上马，送一程"就是这个意思。

不会做，这个不用解释，对于不会做的员工，管理者可通过课堂培训、现场跟随学习，让其掌握业务所需要的技能。

需指出的是，管理者在充分重视并解决上述问题后，还要充分考虑到行动中可能遇到的困难，做足心理准备，如此，才能带领整个团队更好前进。

《士兵突击》里有句很经典的台词：想到和得到的中间还有两个字——做到。做就是行动，只有行动，我们才能得到。

超级表达力

要成为一名优秀的销售人员，除了良好的思考力、超强的行动力外，还有一个重中之重的能力，那就是——表达能力。

为什么说表达能力是重中之重？很明显，推销产品的过程就是一个不断沟通、不断让顾客了解产品的过程，如果一个销售员表达能力很差，说话没有重点甚至磕磕巴巴，很容易给人不专业的感觉，让人觉得此销售人员根本不明白自己的真正需求，这样势必会影响成交。

俗话说，买卖不成话不到，话语一到卖三俏。可见，良好表达力对销售人员的重要性。的确，良好的表达能力不仅能充分展示一个销售人员的个人魅力，同时也能给自己的顾客带来愉悦的享受——良好的表达能力，有利于在顾客和销售人员之间创造良好的沟通氛围，有利于销售人员与客户建立良好的关系；通过很好的产品介绍，能让顾客知晓和接受其产品和服务的价值，让顾客感觉物有所值；当客户提出异议时，通过良好的表达力能化解客户的顾虑，从而促进与客户合作关系的和谐。

那么，对销售人员而言，要练就良好的语言表达能力，要掌握哪些原则呢？

1. 用客户听得懂的语言来介绍产品

通俗易懂的语言最容易为大家所接受。所以，在销售中，你的语言要尽量通俗化，要让自己的客户一听就能懂。举个简单的例子来说，很多销售人员在销售的过程中，就喜欢大用专业术语，这些专业术语之于销售人员或许很好理解，但就顾客而言，尤其是第一次接触此类产品的顾客而言，他们根本就不明白，你的专业术语用得再流利再多，顾客就是不能理解，那么销售一样无法达成。所以，一个销售人员首先要做得就是要用顾

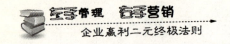

客明白的语言来介绍自己的商品。

2. 用尽量简洁的语言总结产品

销售人员在对其产品和交易条件进行介绍时，必须简单明了，最好能用几句话就能概括出产品的优点、特点，便于顾客在最短的时间内记住产品。

在麦肯锡公司有一个"30秒钟电梯理论"或称"电梯演讲"，这来源于麦肯锡公司的一次沉痛教训。

麦肯锡公司曾为一家重要的大客户做咨询，麦肯锡的项目负责人带领团队奋战了3个月，准备了足足300页的报告，包括8套详细的实施方案和足足36个改进措施，为了证明自己的结论，麦肯锡的项目负责人还准备了5本调研报告附录和数据分析。

但在递交提案当天，问题却出现了。麦肯锡的项目负责人准时到达客户会议室，做好了一切准备工作。但是客户却突遇紧急情况，不得不终止会议马上离开。然而就在客户方CEO冲进电梯的那一刻，这位CEO对项目负责人说"能否利用我到停车场的时间，说说你们报告的主要内容?"该项目负责人根本就没做好相应的准备，他根本不可能利用短短5分钟的时间把项目说清。最终，麦肯锡失去了这一重要客户。

从那以后，麦肯锡要求员工凡事都要在最短的时间内把结果表达清楚，要做到直奔结果、直奔主题。麦肯锡认为，在一般情况下人们最多只能记住一二三，所以凡事要归纳在3点之内，这即是如今在商界广为流传的"30秒钟电梯理论"。

3. 如果可以，尽量用更形象的方式来表述自己的产品

对于顾客而言，没有人喜欢那种背台词似的产品销售，很多销售人员在进行产品销售时，善于死记硬背，这全然不能引起消费者的兴趣。如果

132

可以，销售人员可用讲故事的方式来介绍产品，每个产品后面都有故事，用故事介绍产品，更能吸引顾客；也可用形象的描绘来打动顾客；还可用幽默的语言来讲解产品等，这些要比单纯地讲解理论要好得多。

了解了良好语言表达能力的原则外，我们就可以有目的地锻炼自己的口才了。

需要指出的是，很多人对销售人员的表达力存在认识上的误区，很多人认为销售人员需要夸夸其谈、八面玲珑，甚至忽悠客户，把死的说成活的，把稻草说成黄金。其实这是不对的，这违背了销售的基本要求。诚信是销售工作的重要支点，销售人员要时刻记住自己对客户、对公司的承诺，这样的人即便是语言表达能力欠缺一点，也是可以信赖的。

此外，需要指出的是表达力不单单包括语言表达能力，还包括文字表达力，在工作中，销售人员免不了要写工作计划、总结以及其他类的策划书等，这就需要销售人员除了提高自己的语言表达力外，还要提高自己的文字表达能力，以更有效地开展自己的工作。

超级领导力

领导力也是营销高手必须具备的重要能力之一。我们说销售就是影响力，如何更好地给顾客施加一种影响力？这需要你站在领导的位置，引领着顾客认识并使之接受你的产品。

通用汽车副总裁马克·赫根（Mark Hongan）说："是人使事情发生，世界上最好的计划，如果没有人去执行，那它就没有任何意义。我努力让最聪明、最有创造性的人在我周围，我的目标是永远为那些最优秀、最有天才的人们创造他们想要的工作环境。如果你尊敬人们并且永远保持你的诺言，你将会是一个领导者，不管你在公司的位置的高低。"

通过马克·赫根所说，我们可以得出这样一个结论：不管你的位置有多高，或者有多低，即便你是一个普通得不能再普通的员工，只要你有足够的能力让某些人围绕在你的身边，并使他们接受你，那么你就是一个领导者。对于销售人员而言，销售就是影响力，销售的目的就是让客户自愿地接受你，并确保他们离不开你和你的产品，所以，从这个角度来讲，销售人员的影响力实际上就是领导力。所以，每一位销售人员必须要成为领导者，因为，每次销售都需要影响力。

影响力就是领导力。拥有卓越的领导力能达到化腐朽为神奇的效果，销售人员具备卓越的领导力，能吸引着顾客跟着自己的思路走，达到让客户心随我动的目的。

西门子公司有一个重要的理念，那就是——优秀的领导力创造最佳成果。在这里，他们所谓的领导力，包括两个层面的含义，一个层面的含义是组织领导力，就是指企业作为一个组织整体，对其他的组织和个人所形成的影响力。这个层面的领导力一般包括企业文化以及企业战略等。

另一个层面的含义就是个体领导力。所谓个体领导力也包括两个部分，一是管理者个体的影响力，二是执行者个体影响力。具体到销售部门来讲，就是销售部门内各级管理者和所有执行者领导力的提升。

西门子公司认为优秀的领导力创造最佳成果，是因为他们无数的经验证明，通过提升销售人员的领导力，当他们接触客户时，他们能更快更深入地影响消费者的决策思维与购买行为，从而达到迅速提升销售力，提高销售额的目的。

那么，具体来说怎样提升销售团队及个人成员的领导力呢？以下途径可以帮你达到提升领导力的目的。

1. 一对一的"传帮带"

一对一"传帮带"的领导力培养方式，其基本的做法就是"师父"按照协商后的行动步骤，定期与企业经理人探讨领导者成功的秘诀，并帮助经理人解决实际工作中遇到的困难和问题。

据一项可靠的研究成果显示，有大约50%的经理人在第一年不能彻底释放自身的潜力，对新上任的经理人而言，一般需要经过9～12个月的历练才能真正有效地履行自己的职责。因为欠缺适应能力，相当一部分经理人在上任第一年不能做出显著成果，还有相当一部分新提拔的经理人在上任不到20个月时就选择离任。因此，当关键的员工被安排到新的岗位上，一对一的"传帮带"变得尤为有效。

2. 目标管理

在激烈的市场竞争环境下，要最大限度发挥员工的创造性和主动性，运用目标管理，给员工设定并督促其执行既定的目标，是惠普公司培养员工领导力的重要途径。

一位惠普的员工说道："经理为我制定了一个具有挑战性的目标，而具体的工作方法完全由我自己来决定，经理并不直接干涉，但他们会通过定期检查与沟通的方式，及时发现问题，在我有疑惑时，经理并不是直接告诉我该怎么做，而是扮演一位教导者的角色。从三个月前看似是空中楼阁的目标，到三个星期前目标的水到渠成，在不同工作方法的对比中，我开始领悟销售技巧，开始培养自己独立的判断能力，这种自我学习的效果，远远好过以前那种耳提面命的指教。"

惠普的目标管理就是管理者只给出目标，不干涉其过程，在达成目标的过程中，完全由员工自己做决定，管理者只扮演教导者的角色，在员工需要帮助时，给予其帮助即可。

惠普的一位管理者说："有时候，我们的确需要手把手地去指导员工做事，但更多时候，我们要懂得激发员工主动思考的能力，给他们目标，让他们大胆去干，激励员工不断去克服困难，让他们迈开脚步更好地去完成工作，这更能锻炼他们的各项能力。"

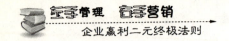

3. "干中学"

所谓"干中学"就是通过行动来学习，具体来说，就是通过给予受训者一些实际的工作或有挑战性的工作或至关重要的工作等来提高受训者的领导能力。

"干中学"是一项既具操作性又有效的活动，摩托罗拉公司主管全球组织学习和开发董事苏珊·胡克（Susan Hooker）说，"干中学"能够帮助有领导潜质的员工提升自己的能力，为他们能向更高层级的工作迈进做好充足准备。

优秀的领导力能创造最佳的成果，有见地的领导者应该捷足先登，带领企业率先踏上通过打造员工卓越领导力、迅速提升团队销售力的征程。

超级合作力

很多年轻人尤其是刚毕业的学生，对销售存在一种误区，认为销售是一种单打独斗的工作，又加上在销售工作前期一般比较难出业绩，于是，很多人一看职位是要去做销售，就马上会退避三舍，甚至会"谈销售色变"。

这是一种对销售认识不清而造成的"销售恐惧症"，他们不晓得销售并不是一个人的单打独斗，而是建立在团队基础之上的，它不是个人冒进与出风头的演习场，而是需要销售团队中每一个人的努力与团结，同时还有目标的统一。

或许有人要反驳，很多企业在招收员工的时候，不是严格要求有独立开拓市场的能力吗？的确，企业需要能独立作战的员工，可是所有员工的成功肯定有自己的因素，但绝对不可能排除企业团队配合的因素。没有强大的团队作为支撑做后盾，能力再强的销售员在前线也会陷入孤立无援。

打个比方来说，如果一个人自己不依靠团队可以获得40% ~50%的成功，那么通过团队的合作，他肯定能够取得70% ~80%的成功。

事实上，任何一个销售员要在前线做出好的成绩，都离不开其他部门的支持。比方说，销售就需要产品，产品哪里来？这离不开产品研发部。此外，销售也需要物流配送，也需要财务结算、包装设计等部门各方面的配合，其中任何一个环节出了问题都会影响到销售人员的销售工作。那么，要得到别人的配合，这就需要销售人员自己先学会配合别人。有些销售人员只管自己的业绩，不去配合其他部门的工作，这样的工作风格肯定不会得到别人的支持。

通过不断观察，我们不难发现这样一个有趣的规律：那些业绩好的销售人员在公司一般都会有比较好的人缘。同事们都愿意和他交流，当他需要别的部门配合其工作时，别的部门都很乐意帮助他们，当然，其他部门或者同事需要他帮忙的时候，他也会全力以赴，快速执行。而那些业绩较差的销售人员呢？一般来说，他们在公司的人缘比较差。他的事情，同事们不愿意帮忙；同事的事情，他不愿意帮忙。时间一长，他们会陷入人际交往的恶性循环圈，这当然不利于他们的工作。

很明显，个体的成功永远离不开团队的支持，这也印证了"人是社会人"的属性。可以说，企业就是一个小社会的缩影，一个员工要体现自己的价值，就必须要先融进这个团队，尤其是在这样一个强调竞争更强调合作的年代，是否具备团队意识已经成为一个人能否在团队中做出成绩的先决条件。

那么，对于一个销售人员，该如何培养并不断强化自己的合作意识呢？

1. 认识到英雄主义已经彻底过时了

现代营销是团队营销，那种个人英雄主义时代早已远去。个人只有置

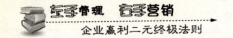

身于团队中，才可能得以生存和发展。

我有一个业务能力非常强，基本上每年都是销售状元的朋友，当他真正走上管理岗位时，他马上就表现出自己的弱点，管理显得力不从心。他所带领的团队彻底成了一盘"散沙"，员工各吹各的号，各唱各的调，最后无奈，我的这位朋友只好从管理岗位上退下来，又回到了以前的销售团队。

事后，他告诉我，自己以前只能算是个人英雄，这种个人英雄主义早已过时，要想跟上现代营销的步伐，他需要学习的东西太多，尤其是需要经过团队作战精神的历练。

2. 学会帮助别人

在销售中，很多销售人员害怕别人超过自己的业绩，因此，他们不愿意帮助人。可是，在一个企业内，只有你的业绩好，别人的业绩一般甚至给企业带来亏损，企业拿什么来发展？如果没有企业的发展，你又怎么会有更好的发展空间？所以，从这个角度来说，我们必须要学会帮助别人，其实帮助别人就是在帮助你自己。

3. 积极配合自己的领导

销售人员要锻造自己的合作力，还需要积极地和自己的上级领导配合。领导能给予我们积极的指导和支持，缺少了上级的支持，我们的工作就无法顺利展开。反过来，当领导需要我们做某项工作或者完成某项任务的时候，我们也应该积极合作，让自己成为领导的得力助手，真正为领导分忧解难，这样，整个团队的工作才能更有效地开展，领导也会因为你的积极合作更加重视你。

4. 帮助客户

销售人员要打造自己的合作力，除了和自己的同事、领导积极合作外，还要积极配合客户的工作。当客户需要帮助的时候，及时伸出自己的援手；当客户需要服务的时候，积极地给客户提供优质的服务，这样，客户才能更加信任你，更愿意和你建立长期的合作关系。

对于管理者而言，要训练员工的团队意识，首先，在平时除了注重传播个人业绩以外，更多应该宣传团队意识，让员工认识到团队的重要性；其次，依据团队建设来建立制度。比如，就全年奖金的发放而言，企业除了要参考个人的业绩外，还要参照团队目标的完成情况来发放，通过类似这样的制度来体现企业对合作的重视，更好地引导员工树立合作意识。

一个人再有能力也是有限的，要取得大成功，我们就必须要学会合作。要知道，再强大的个人也敌不过他人的海陆空三军，再无力的手臂联合起来也能托起一片广阔的天空。

第八章　作战模型

——营销实战的八大力器

做正确的事——解决力

什么是解决力？解决力就是解决问题的能力，进一步来说解决力就是能迅速找到解决问题的关键，即找到解决问题的突破点。

20世纪最具影响力的传奇管理人物德鲁克，在给别人提供咨询时，通常一开始并不关心客户所遇到的种种困难，他总是立刻询问他所谓的"愚蠢问题"——您真正要做的是什么？

"您真正要做的是什么？"也就是这个最"愚蠢的问题"却通常是开启"解决之门"的钥匙。在我们身边，总能看到一些有才华甚至智商非常高的人，常常因为不清楚自己真正要做的是什么，最终走向失败。

从各种各样繁杂的事务中找到你真正想要做的事至关重要。否则，你将会白白浪费大量的时间在那些根本不是你真正要做的事情上。换句话说，找不到你真正想要做的事，你所做的努力就会收效甚微甚至是无用功。

所以，做正确的事是做一切事情的开始。毋庸置疑，做错误的事只会削弱你的竞争实力，甚至还可能威胁你的生存。不是吗？方向都错了，还有什么结果可言？还有什么业绩可言？方向错了，一切都无从说起。

做正确的事，就是找到了解决问题的突破点，你就知道了该从哪里入手解决问题最有效。完全可以这样说，解决问题的关键首先就是要确保做正确的事，否则，你努力再多也可能会事倍功半，甚至根本就是在无效劳动。所以说，只有先做正确的事，才能保证你有好的解决力。

通常，我们在说"做正确的事"时，会一并提到"正确地做事"，做正确的事、正确地做事是德鲁克在其著作《有效的主管》中提出的一组概念。单从字面意思来看，很多人或许会问：这有什么区别吗？

"做正确的事"与"正确地做事"有着本质的区别。"正确地做事"是以"做正确的事"为前提的，离开了这样的前提，"正确地做事"就变得没有意义可言了。在工作中，我们首先要做正确的事，然后再去思考正确地做事。举个简单的例子来说吧，在企业里，生产线上的员工被要求生产某种产品，其产品的质量、数量和操作行为都达到了标准，产品都是合格产品，他们是在"正确地做事"，那员工的行为是不是在"做正确的事"呢？如果说生产出来的产品有市场有买主有用户，那么，员工是在"做正确的事"，可相反，如果这个产品根本就没有市场没有买主没有用户，这显然不是在"做正确的事"。此时，无论员工们做事的方法有多么正确，其结果都是徒劳无益的。

我们需要正确地做事，更要做正确的事，这是一种重要的工作方法，更是一种重要的管理思想。任何时候，对于任何人或者任何组织而言，"做正确的事"都远比"正确地做事"重要得多。对一个企业而言，"做正确的事"意味着企业战略首先要正确，"正确地做事"则强调员工的执行要到位。如果在工作中，我们是以"做正确的事"为前提了，那么，在执行中即使有一些偏差，我们仍可以通过对偏差的校正达到不错的结果，也就是说其结果可能不会是致命的；但如果我们一开始并不是以"做正确的事"为前提，一开始做的就是错误的事情，即使执行得再完美无缺，其结果对于企业来说也肯定是毫无意义甚至是灾难性的。所以，对于要想解

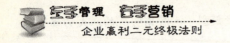

决问题的人来说，首先要做的就是保证自己"做正确的事"。

要保证自己能"做正确的事"，首先我们就要找到"正确的事"。

找出"正确的事"的过程就是一个解决问题的过程。有时候，一个问题摆在我们面前，问题本身已经很清楚，解决方法我们也可以找到，但在我们解决问题前，我们必须先要问自己一个问题——要解决的是正确的问题吗？这就像是医生诊断病人。一上来，病人就会罗列自己一大堆问题，但真正负责的医生是不会按照病人自己的描述就直接得出结果的，因为病人自己描述的问题有很多并不是根本性问题，如果只是按照病人自己的描述就下结论，很可能就会出现误诊甚至更严重的后果。好的医生在听取病人自己的描述后，紧接着会翻看其病历，然后开始有目的地"望闻问切"，来确认病人所说病情的可靠性和严重程度，最后，再下结论开药方。也就是说，在这个过程中，医生是先搞清楚病人交给自己的问题是不是真正要解决的正确的问题，毕竟有很多问题只是表象，然后再着手解决问题。同样，对管理者和员工而言，要搞清楚上级交给你的问题是不是正确的问题，唯一的办法就是像医生一样更深入地收集和挖掘事实，多问问题，多去查看。一般用不了多久，我们就能搞清楚自己要走的方向到底对不对。

其次，要找到解决问题的关键。

什么是解决问题的关键？就是解决问题的方向。有一个例子能够很好地说明这个问题。

管理员发现松鼠从笼子里跑出来了，于是开会讨论决定将笼子由8米加高到16米。第二天他们发现松鼠还是跑到了外面来，于是又将高度加到24米。没想到第二天居然又看到松鼠全跑到外面，于是管理员一气之下将笼子加高到80米。一天，猴子和几只松鼠闲聊，"你们猜，他们会不会将你们的笼子继续加高？""很难说。"松鼠说，"要是他们再继续忘记关门的话！我觉得会继续加高。"

在问题发生后，管理员们解决得确实很及时，但是结果却没用，因为他们解决问题的方向本身就错了，不到位的、错误方向的工作并不能解决任何问题。这就像一辆汽车因为爆胎而抛锚，而主人却只知道一个劲检查引擎，那显然是现代版的南辕北辙。

现在，我们知道了做正确的事的重要性，所以，在解决问题前，你需要知道并判断自己是否在做正确的事！不管你是管理者还是员工，我们只需问自己四个问题：

你真正想做的事情是什么？

你为什么会有这样的想法？

你现在正在做什么？

你为什么要这样做？

这是四个简单得不能再简单的问题，但如果你不能回答清楚或者你的回答连自己都无法说服，那你就要审视一下了，此时，你或许正朝着错误的方向行进。

把事情做正确——执行力

把事情做正确就是"正确地做事"，上面说过"做正确的事"是由企业战略来决定的，"正确地做事"则是完完全全的执行问题。换句话说，"正确地做事"讲求的就是一种执行力。

什么是执行力？一句话概括——执行力就是议而决，决而行，行必果。对于一个企业而言，执行力就是管理者为实现企业战略和阶段性目标而具备的计划、指挥、跟进、协调能力。从意义方面来说，企业内部再好的策略只有通过成功的执行才能显示出价值；就个人而言，执行力就是"按时按质按量地完成任务"的能力，从意义方面来讲，员工只有通过执行力，才能表现出个人对企业的价值，才能取得良好业绩。

执行力是任何企业都一直强调重视的课题，在现实管理中，很多企业的决策方案很完美，但在执行的过程中，标准却渐渐降低，到最后甚至会完全走样，连最初的标准都没有了，造成这种现象的根本原因就在于员工的执行力差。因此，对任何企业来说，要加快发展速度、扩大企业规模、提升管理质量，除了要有好的决策、好的发展战略、好的管理体系外，更要打造员工超强的执行力。如何打造执行力？有人列出了一个执行力公式：

$$执行力 = 正确地做事 + 高度、速度、力度$$

从这个公式中，我们不难看出，超强执行力的打造离不开四点：正确地做事、高度、速度、力度。下面我们就分别来讲这四点。

1. 正确地做事

上面讲到，要提高执行力，保证"做正确的事"，首先是企业要从战略上或者从企业高层上，制定正确的战略、方针、政策，最主要的是战略要具备可执行性、可操作性，有保证员工执行的条件。如此，执行"正确"的事，至少能保证正确的方向。

其次，可以通过流程管理让员工以正确的方式把事情做正确。

简单解释流程就是做事的先后顺序。流程管理的核心是将管理引向程序化和标准化，其努力的方向就是，保证让企业内不同的员工，在不同的时间、地点去做同一件事情时，都能获得相同的结果。

每一个企业每一项业务都有固定的流程，例如生产流程、销售流程、售后服务流程等，正是这些严格的流程才确保了企业业务的有序进行。就拿销售流程来说，每个企业的销售流程或许不完全相同，但销售过程基本上主要有八个步骤，其中包括：客户开发、接待、咨询、产品介绍、协商、成交、交付产品、后期跟踪。正因为有了这样一个比较明晰的流程，销售人员在销售时，才减少了销售差错，提高了工作效率。

但是，需要指出的是，很多管理者在制定这些流程时，随意设置、不够规范，这会大大降低员工的工作效率。流程管理的目的使企业的业务运转"有据可依"，如果管理者随意改变，就无法确保员工的执行在各种情况下"有据可依"，更不可能得到尽可能统一标准的执行结果，甚至有时执行会出现很大偏差。

最后，要提高执行力就要学会编排行事优先次序。我们在工作中难免会被各种琐事、杂事纠缠。很多人之所以效率低下、执行力差是因为他们没有分清事情的轻重缓急，而被一些看似急迫实则可暂缓的事情所蒙蔽，因此我们必须要学会编排优先次序，先做那些紧迫而又重要的事情。具体到销售人员来说，有时候，销售人员拜访不同客户的时间会出现冲突，这时候，销售人员该先拜访哪个，后拜访哪个？当然是拜访那个最重要、能带给我们最大收益的客户了。先搞定对我们来说价值最大的事情，然后才去考虑甚至放过对我们价值很小的事情，我们的收益才能最大化。

2. 执行的高度

执行的高度具体是指执行的标准，很多企业决策在执行的过程中，标准越来越低甚至会完全走样，一方面与企业制定的标准不清晰有关，另一方面与企业管理者的监督不到位有关。

标准不清晰甚至模模糊糊，员工在执行的时候就容易钻空子。例如，很多企业规定销售人员一天必须打 100 个电话，但对于这 100 个电话的质量要求，管理者没界定，不界定质量要求，员工执行起来肯定会走样。很多员工一天下来，电话是打了 100 个，但成交的却是 0，如此没有质量要求地打下去，就是员工一天打上千个电话又怎样呢？还不是毫无结果可言。

管理者的监督不到位也会使执行失去高度。员工在执行时，马马虎虎，糊糊弄弄，管理者对其却不纠正，甚至和员工一样，也认为"差不多"就可以，这势必会使执行打折扣。要确保员工执行到位，管理者就要

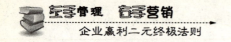
做到"反复盯"，在员工执行任务的过程中，多检查，当发现执行不到位时，立即给予员工意见，确保其改进。

3. 执行的速度

要提高执行速度，最重要的是克服掉拖拉的习惯。拖拉是百害而无一利的，一方面，员工自身要认识到拖拉的危害；另一方面，管理者要帮助员工改掉拖拉的习惯，就要遵守严格的复命制度。并明确规定复命的时间、质量要求、数量以及不能及时复命的后果等。

4. 执行的力度

很多企业的执行就是在做"动作"，没力度。什么是力度？力度就是力量的强度，没有强度的执行是达不到理想结果的。执行没力度，一方面是因为员工的自觉性比较差，还有一个重要原因是管理者强调的力度不够。力度可不是一种爆发力，而是一种耐力。耐力来自什么？来自不断地重复。要知道，管理就是一场周期性的运动，领导者千万不要相信一次性的动作就能一劳永逸，只有那些反反复复强调的东西，才有用，才能形成持久效果。

除了以上几点外，要打造超强的执行力，管理者还要给予员工一定的政策支持和使其参观交流、不断学习的机会，特别是，管理者还可以树立良好的执行榜样，通过榜样的力量来带动全体员工，这对提高执行力也是一个很大的帮助。

修炼建立陌生关系——自信力

"人之所以能，是因为相信自己能"，也就是说信心是取得成功的最根本原因。对于销售人员而言，每天要面对各种各样的客户和消费者，如果没有自信心，不敢开口跟客户说话，更不敢把自己的产品介绍给客户，那根本就没有业绩可言。要达成成交，销售人员就必须具备自信力——对自己有信心，对自己的产品有信心，对自己的公司有信心，能够看到公司和自己产品的优势，并把这些熟记于心，在竞争中，用一种必胜的信念去面对消费者和客户。

对销售人员来说，自信意味着能与陌生人建立起关系。也就是说当销售人员面对客户时，要让客户看到你的坚定、看到你的不卑不屈，甚至用你的自信让客户对你的产品产生兴趣，从而促成购买。

信心是人办事的动力，是销售的基础，在这个竞争激烈的时代，我们要想取得销售业绩，就一定要对自己充满十足的信心。很多年轻人都有过暗恋的经历。在暗恋的过程中，因为怕遭拒绝，所以只能偷偷喜欢坚决不说出来。等到喜欢的人成为别人的女朋友（男朋友）时才后悔莫及。害怕遭拒绝就是不自信的表现，仔细分析一下，我们不难发现，自信地向对方表达出自己的感情有利没弊。自信表达的结果无非有两个：一是成功，通过自己的努力得到了对方的认可，最后有情人终成眷属；二是被对方拒绝，这虽然是很痛苦，但起码都让彼此知道了对方的想法，你虽然一时痛苦，但不至于后悔一辈子。如果再乐观一点，能换个角度思考，不懂得接受你，对方的损失才最大。对方拒绝了你，代表她（他）失去了一个爱她（他）的人，而你丢掉的却是一个不喜欢你的人，事实上，你没什么损失可言。行动了，我们就有50%成功的希望，不行动，那就表示一点成功的希望都没有。同样，做销售也是如此，你向消费者推销你的产品，既不是骗人的行为更不是害人的行为，没有必要害怕担心，要知道，试一试就有希望，而对个人而言，没有半点损失；但若彻底不试，客户被其他同事抢走了，那你就只有后悔的分了。

当然，需要指出的是，销售人员需要信心，但不要过度自信，在销售中，如果你过度自信，会给客户强买强卖的感觉。当然，如果你极度缺乏信心，顾客肯定更不会买你的账，所以，无论任何时候，对销售人员而言，适度的自信都是最好的。我们且来看三个销售场景：

甲销售员：李总您好！见到您非常荣幸。全国很多著名的大公司都在用我们的产品，我得知贵公司也需要此类产品，特别是我们的产品质优价廉，太适合贵公司了，要是不尝试一下我们的产品，实在有点可惜了。

乙销售员：李总您好，感谢您在百忙中抽出时间见我，我们的产品在市场上销售已经有5年了，很多客户用了都说不错。如果您想知道使用效果，我可以演示给您看。

丙销售员：李总您好，谢谢您今天给我时间。我是某公司的推销员，今天我想借这个机会向您介绍一下我们的产品。其实，我们的产品已经销售有5年了，用户都说很不错，您看您什么时候有机会试用一下？

对以上三位销售员的行为，我们做一个分析：

甲销售员，高度自信，可得100分；乙销售员没那么强势，可得80分；丙销售员比乙的气势更弱一点，可得60分。是不是分数越高越好呢？不是，甲销售员给人的感觉就是强买强卖，一般来说，这样的销售，客户比较难接受；丙的销售底气不足，自信度有些低，这容易使客户对产品产生怀疑，自然也很难说服客户；乙的态度刚刚好，自信中带着尊重和建议，既不自卑又不勉强客户，这种自信正是销售员最需要的自信。

自信是销售成功的前提，销售人员要想取得良好的业绩，就必须要不断培养自己的自信心。其实，培养自信也不是很难，因为自信是由三个因素组成的，我们可针对这三个因素，有针对性地提高自己的自信心。

心理学家指出，自信是由三个要素组成：自我形象、自我肯定、自我期许。

如何通过塑造良好的自我形象来增强自信呢？

1. 自我形象塑造

适宜的、有品位的服饰可以增强人的自信心，在去拜访客户之前，给自己一个好的行头，让自己在客户面前一亮，这样可让客户感觉良好。修正自己的行为动作、语言语气，既不自卑又不自大。做好拜访前的知识准备工作，避免因对产品了解甚少而产生内空状态，造成扭扭捏捏的样子。

2. 自我肯定

自我肯定是增强自信的好办法。可以利用积极的心理暗示，告诉自己一定能行，以此来不断调整自己的心态。也可以阅读那些成功销售人士的故事，给自己的成功带来影响，让自己不断变得自信。

3. 自我期许

从大的方面来说，自我期许就是自己给自己设定合适的目标，通过达成目标，形成激励；从小的方面来说，就是要做好每日的工作计划和制定每日的目标，并在达成目标之后，不断给自己提出新目标，让自己逐步成长。

发现和满足客户需求——理解力

销售人员除了要有自信和胆量去和客户建立关系外，还必须能听懂客户的话，只有听得懂客户的话，才能从中发现和满足客户的需求，这就要求销售人员具备一定的悟性或者理解力。

在工作中，我们常常会碰到两种人，第一种人你给他们安排任务，总是千言万语详详细细地讲，讲了 N 遍后，他还是会问："领导，我还是没能明白你的意思，你到底要我做什么？"此时，管理者真想发火。第二种人我们求之不得，只要对他们略微一交代，他们就明白要干什么，怎么做。这就是理解力和悟性的差异。对一个员工来说，领悟力越强，就越能得到领导的赏识。

有一次，曾国藩召集众将开会，他分析到当时的军事形势说："诸位深知，洪秀全是从长江上游东下而占据江宁，江宁上游是其气运的所在。现在江西、湖北均被我收复，仅存皖省，若皖省克服……"

此时，曾国藩的手下爱将李续宾早已听明白了曾国藩的话里有话，他顺势便道："大帅的意思，是要我们进兵安徽吗？"

"对！"曾国藩赞赏地看了李续宾一眼，"续宾说得非常对，看来你平日对此早有打算。为将者，最重要的是要胸有全局，有长远谋划，续宾在这点上，比诸位要略胜一筹。"就这样，李续宾的一句话就赢得了曾国藩这么多的信任和夸赞，这就是优秀理解力的重要。

下属要赢得上级的肯定离不开优秀的理解力，同样，销售人员要赢得顾客或客户的信赖，一样离不开理解力。

那么，就销售人员而言，理解力主要是理解什么呢？我们明白，在销售过程中，每个客户都有自己不同的需求——对产品价格、品质、服务等方面的不同需求。因为需求不同，销售人员能否真正理解不同客户的不同需求，就变得非常重要了。打个比方来说吧，如果客户关注的是价格，你却在那里大谈服务，不能理解并把握客户最关注的东西，就算你说得再多也是白费。所以，要抓住客户的真正需求，优秀的理解力必不可少。

深秋的雨后，一对正在热恋的男女朋友在公园里散步，一阵秋风吹过，女孩对男孩说："秋天到了，雨后虽然很美，但是有点凉。"女孩一边说一边用双手抱着自己的双肩。男孩觉得这可是表现自己关心女孩的好机会，就说："如果你觉得凉，咱们就快回去吧，小心不要感冒了。"女孩有点无奈，一边叹气，一边开始和男孩往回走。走了不久，女孩又是一阵叹息。

这是怎么回事？只有懂得恋爱的人才会真正明白女孩的心意，她并不是真的冷，她是想男友能亲手为她披一件衣裳或者给她一个温暖的拥抱，她哪里是想这么快就回家。这就是理解力的偏差。

　　理解力存在偏差，或者因为缺乏理解力，不明白客户的真实意图，往往会导致交易的失败。有个销售人员和客户谈价格，他报价说："我们的产品16万元。"客户说："不可能啊，昨天有一家，服务更周到，才14万元。"这个销售人员一下急了，他惊讶地说："不可能！我们的产品成本价都14万多元。"这下可好，一下就被客户套出了成本价，足可见，这个销售人员的理解力不够强。如果销售人员的理解力够强，他应该知道这是客户在讨价还价，他就应该这样说："看得出，你对成本很关注，市场上确实有14万元这种价格，但其产品的配置相对比较低，我们的配置非常高，大部分都是进口件，从使用寿命来说，我觉得我们公司的产品更合适贵公司。"

　　对一般人来说，能做到真正理解别人的话里话，就能保证自己把话说到别人的心坎上，确保人际关系更加和谐。对销售人员而言，理解力越强，越能及时捕捉到客户发出的成交信号。比如当客户说："这东西怎么卖？还有没有其他的颜色？我不太喜欢这个颜色""如果我购买的话，你们最快什么时候能安排送货""如果我购买的话，还有没有其他的赠品""朋友们，你们快帮我看看这个怎么样，我觉得还行"等类似的语言，这基本上表明客户已经决定要购买了。如果此时销售人员不能理解客户的真实意思，甚至在客户说这些的时候，对客户爱答不理，那么，销售人员就会失去成交的机会。

　　俗话说："锣鼓听声，听话听音。"这个"音"不是口音，而是弦外之音，也就是说我们听话千万不可停留在表层，停留在表面的字义上。要做到能听出弦外之音，就必须要不断提高自己的理解力。

　　要提高理解力，发现和满足客户需求，倾听是一条非常重要的途径。

我有一个销售业绩一直都非常优秀的学生，她销售的最大秘诀就是——多听少说。她告诉我，她在向客户介绍产品时，大多数时间是在发问，每个问题都很简单，但所问问题的数量比较多，有时一次成交下来，她能提问将近20个问题。当客人回答问题的时候，她总能以最专注的态度倾听客户的回答，使客户有一种被尊重的感觉。就这样，她一直以发问的方式寻求客户真正的需要，同时在发问中她能表现出一切为客户着想的热忱，很多客户都能在不知不觉中跟她做很好的配合。

可惜的是，现实中，很多销售员都忘记倾听才是有效沟通最重要的因素，他们习惯在客户面前滔滔不绝，甚至完全不在意客户的反应，结果失去了发现顾客需求的机会。多听少讲这才是最好的成交原则。发现客户的需求就好比是医生替病人看病。好的医生在治疗前一定会询问病人很多问题。当医生询问这些问题时，病人一方面会觉得这个医生比较负责，另一方面这也会使病人觉得受到了医生的重视和关心，使病人与医生之间的配合更密切，便于医生迅速找到病根而对症下药。能够使客户主动配合，进而迅速发现客户真正的需要而适时地给予满足，这才是一位卓越的销售人员。

此外，要发现和满足客户需求，销售人员还要学会观察顾客的身体语言。有人说，一个人内心世界的想法约60%是从动作中表达出来的。如果销售人员只听对方说话，不观察其身体语言，有时也很难明白对方的真实意图和想法。总之，懂得听其言、观其行才是发现和满足客户需求最全面的途径。

让客户说"是"——影响力

在销售中，经常会出现这样一种情况，销售人员在外面和客户谈得非常开心，回到办公室，销售人员一整理，发现意向性的单子多得是，于是一阵高兴，但到了最后，却发现这些意向客户的合同总是无法落实。为什么会这样？有一个很重要的原因是这个销售人员缺乏影响力。对销售人员来说，什么是影响力？影响力就是让客户说"是，对，好"的能力。完全可以说，影响力是销售成交最好的临门一脚。

销售人员有无影响力，是决定其业绩的关键。很多时候，如果销售人员缺乏影响力，不敢积极地追踪客户，不敢和客户讲话，很可能到最后合同就会泡汤；若销售人员能积极并巧妙地给客户方施压，多半合同最后会成功签订。我们来看一个例子。

销售员小 A：张总，谢谢您今天给我交谈的机会，我下周再来拜访您。

张总顺水推舟：你的产品的确还不错，把名片留下吧，等我们老板回来，商量后，我会最快给你电话的。

小 A：好的，我等您消息。

销售员小 B：张总，谢谢您今天给我交谈的机会，对了，忘记告诉您了张总，我们下周刚好有个技术专家来总部开会，到时候可以让他给您做更进一步的讲解，20 多分钟就够了。（这是小 B 在给下一步拜访做铺垫）

张总为避免陷入被动：下周我们老板可能还不回来，这样吧，你等我电话好了。

小 B 还不放弃：张总，我知道您很忙，我也不好意思一次次打搅您，您看我能不能下周一下午和您的助理联系，把技术资料先交给他，并请他把后面的交流时间安排好？

这次张总没好意思再推辞。

我们分析一下这两个销售人员的行为，很明显，小 A 属于那种没影响力的销售人员，他稀里糊涂地就走了，其实张总的回答只不过是一种有礼貌的敷衍，你永远别想等到客户的主动回音。小 B 则是一个有影响力的销售人员，面对客户的敷衍，他不放弃，又得到了一次机会。

在实际的工作中，有很多人像小 A 一样缺乏影响力，他们因为不能对客户施加影响而担惊受怕，一会儿怕客户退单，一会儿怕客户改变心意，一会儿又怕客户的降价要求太大，事实上，这是没必要的。你完全可以不用怕，你要相信自己可以去影响他，可以去改变他，要知道客户有时也像弹簧，你弱他就强，你强他就弱。但这种强一定要建立在有礼貌、有分寸的基础上。

销售人员的"影响力"对业务工作至关重要，这就如同一个男生追求女生往往需要经过不断的努力和考察期，才能最终和爱的人组建一个家。销售要成交就和谈恋爱一样，都需要一个过程。在这个过程中，销售人员有时候需要和客户来来往往谈上十来次才能成交，因为客户也担心签错合同。这十几次的来来往往说白了就是销售人员想给客户造成一种影响力，说的直接一点，销售合同能否最终签订，靠的主要是销售人员的影响力，没有影响力，客户很难买你的账。

那么，对销售人员来说，应该怎样用影响力促成客户成交呢？

一位顶尖的演说家说过：影响力的第一大工具是建立信赖感。如何建立信赖感？最重要的是找出你和客户之间的共同点。

要寻找与客户的共同点，就要先做朋友，后做业务。在大家很熟悉的情况下，再借机寻找可以达成交易的机会，并努力促成。

我有一个做销售的朋友，就特别会用这个方法。他姐姐刚参加完研究生考试，他在拜访一名重要客户时，客户接到孩子的一个电话，涉及他孩子考研的情况，他立即中断业务谈判，开始认真地和客户谈起考研的方方面面，并为客户提供了很多非常好的建议。最后，结果的理想程度可想而知。

在和客户沟通的时候，销售人员一定要活学活用如何和客户找到共同点，通过有效地寻找共同点使双方得到共鸣，从而促进业务的顺利开展。

影响力的第二个大工具是问题的使用。顶尖的演说家陈安之先生说："问题是你之所以能够影响他人最有力的工具。当你提出一个问题时，你就拥有了掌控权，并且可以专注他们的注意力。"

一般来说，我们之所以销售失败，是因为太多的销售人员在顾客面前充当了不折不扣的产品讲解员的角色。事实上，一味地讲产品是不能把东西卖掉的，销售是一个通过不断发问一步一步让顾客说"是"的流程，而不是一味讲产品。因此，聪明的销售人员会花时间去提那些会让客户不断说"是"的问题。

影响力的第三大工具是状态同步。所谓状态同步就是你和客户的状态尽量保持一致，比如客户十分亲切地轻拍了自家小狗的头，那么你也可以很自然地捋一捋小狗的毛，表示亲切；当顾客采用某种语调或手势时，你也可以很自然地用相同的语调和手势，给顾客一种"你就是镜子里的他"的感觉，如此就会营造一种亲切的氛围，在这样的氛围中，一般客户不好意思说"不"。

影响力的第四大工具是你的权威。有句话是顾客信任你——一切皆因为服从权威。

为什么保健品促销员一般会身穿白大褂？原因就在于这会给顾客与医生相联系的心理暗示，因为来自医生的建议会更加权威更加可信，哪怕这些促销员并不是医生。所以，在销售过程中，保持你的权威形象也是决定成交的一个重要因素。

比如，在销售过程中，正规的装束、合理的谈吐，都会增加顾客对我们的第一印象认同感，再加上专业的知识储备搭配深入浅出的讲解，都可以让顾客感受到我们就是专家，我们就是他们最值得信赖的导购人员，如此就会大大增加客户对我们的认同感，提高我们的影响力。

持续的愉悦服务——取悦力

什么是取悦力？取悦力就是一种让别人高兴的能力，具体到销售人员

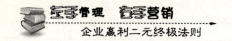

来说，取悦力是对客户持续的愉快服务。

具备取悦力之所以重要，是因为任何人都喜欢被取悦，都希望得到别人的承认和夸奖，同样，客户也是如此。所以能否持续地取悦客户，让客户感到开心、舒适，对销售工作而言，意义重大。

"现代营销学之父"科特勒曾经说过："在一个缺少顾客而不是缺少产品的社会中，以顾客为中心至关重要。仅仅满足顾客并不够，你必须取悦顾客。"对企业来说，如此；对销售人员来说，也是如此——即你要做到的不仅是使你的顾客满意，还要使你的顾客感动。我们说使顾客满意比较容易做到，但要使顾客感动并且最好是持续地感动，那不仅仅是对销售人员的考验，也是对企业营销体系的综合竞争能力的考验。即便是取悦客户并不容易，但销售人员也应该有意识地去锻炼自己，因为顾客都是价值最大化的追求者，只有让客户满意了、高兴了，才会有再购买的可能性。

在我们身边，有些人一看起来就会让别人感到很舒服，这就是一种与生俱来的取悦能力。对于销售人员而言，或许不具备与生俱来的取悦能力，但起码也要有意识地培养自己的亲和力，给客户一种舒服的感觉。

当然，除了培养自己的亲和力之外，要打造持续的愉悦服务，销售人员必须还要做好一项重点工作——提升服务的附加值。

什么是服务的附加值？服务的附加价值就是指向顾客提供本服务之外，不需要顾客再额外花钱的那部分服务。

现在的顾客在购买产品时，除了要求产品满足自己的需求外，更多在意的是：第一，服务人员提供的服务是否有品质、有水平，服务是否及时到位，服务人员的行为能否让自己感到舒服；第二，你的产品或者服务除了满足顾客的一般需求之外，是否能超越顾客的期望；第三，就服务的流程而言，你所在的企业是否有一流的流程能够充分照顾到顾客的切身感受。销售人员不断满足顾客以上三点要求的过程，就是实现服务附加值的过程。

在现实生活中，我们不难发现许多服务附加价值。一般来说，创造服务附加值的方式有两种：一是提供个性化的市场产品或服务，二是尽可能多地帮助客户。

要给客户提供个性化的市场产品或服务，了解客户的生活情境是其关键所在。销售人员要尽量弄清客户在选择、取得、使用和想丢弃某一产品或服务时的各种想法。依据客户的这些想法，销售人员可以在消费链的各个步骤中和不同环节中，向客户推出某种新的价值或利益。

日本很多服装企业的个性化服务做得非常好，他们会根据重要客户留下的信息，为客户提供个性化服务。比如，他们会给每一个重要客户配备一个免费的形象顾问，当顾客下次再来购买时，这些专门的形象顾问不仅会全程陪同，还会给出客户最好的形象设计方案，让客户尽享更到位的服务。

在销售界，流行着一句话：不要销售产品！而是销售帮助！意思是说如果你真想在销售上取得持久的成功，那么，你就必须帮助你的客户解决问题。客户们需要你的帮助，需要你帮他们达成目标。但在合作之前，你必须要与他们建立良好的关系，并赢得他们的充分信任。

有一点需要提醒，在给客户提供附加价值时，附加价值最好与产品相关，并且对客户有帮助，这样更容易激起客户二次购买的欲望。

此外，要提高服务的附加值，销售人员还必须要学会感谢自己的客户，因为是客户的购买成就了你的业绩和成功，好的销售人员就是要让客户感受到你对他们的感激。

如何感谢自己的客户？在这一方面，世界最伟大的销售员乔·吉拉德是我们最好的榜样。

乔·吉拉德最喜欢送给客户的礼物就是贺卡。他送给客户贺卡可不是一年就送一次，而是每月都要寄给每位客户一张。不仅如此，每一张贺卡他都均以不同的色彩和形式投递，他还会根据不同月份不同节日，附上自

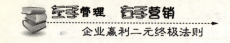

己简单的祝福。也就是说每位客户每年都能收到乔·吉拉德寄来的12张完全不同的贺卡。

不要小看这些小小的贺卡，它们所起的作用并不小。如此一来，每年中就有12次机会使乔·吉拉德这个名字在愉悦的气氛中来到每个家庭中。

乔·吉拉德没说一句：请买我的汽车吧！但他这种不是推销的推销，反而给人们留下了最美好、最深刻的印象，等到人们真的打算买汽车了，往往第一时间想到的就是乔·吉拉德。就是靠着这些用心寄出的贺卡，乔·吉拉德成为了世界上连续15年售出新汽车最多的人。

除了像乔·吉拉德那样寄送贺卡，我们还可以定期给客户打一个问候电话，尤其是在节日，千万不要忘了向客户表达我们的祝福，如此有效的后续行动，会让客户明白他们可以依靠你的帮助来解决问题，即使是销售已经完成。

如今的客户比以往任何时候都更加机敏，他们甚至在第一次销售达成之前，就知道了你是怎样的一个销售人员。如果你关心的只是销售的达成，客户很明显就会感觉到；相反，如果你是真正以客户为中心，客户同样也能感受得到，在这种情况下，你将会获得更多回头客的机会。

让我们和客户走得更近——沟通力

沟通之于工作是非常重要的。和领导之间沟通，有利于我们更好理解工作，抓住工作重点，有利于提高我们的业绩和效率；和同事之间沟通，可以增进信息的共享，有利于我们吸取不同的经验、教训，取得更快进步；部门与部门间沟通，有利于各种信息的迅速传递，还能增进默契，改善部门与部门之间的合作关系……

不管是管理者还是员工，要想工作顺畅，就必须要学会沟通，有意识地培养自己的沟通力。同样，对于一名销售人员而言，要想成为一位出色的推销人员，就必须要成为一位出色的沟通者。对销售人员来说，出色的沟通力意味着能让你和客户走得更近。

客户为什么愿意购买你的产品，或愿意与你继续保持生意往来，这很大程度取决于你是否有能力与他们进行积极、成功、有效的沟通。积极有效的沟通力有助于增强你的亲和力，让客户感受你对他的尊重，帮助你与顾客间快速建立起交情。所以，提升自己的沟通力，让自己成为一位出色的沟通者，是每一位销售人员必须要做的重要一课。

当然，要提升自己的沟通力，并不是没有技巧可言，以下几种沟通策略可以助你一臂之力。

1. 多谈与顾客有关的事情

和顾客沟通，不能盲目，盲目地沟通或者是一味地只给客户灌输你的产品知识，只能引起客户的反感。每个人都渴望被尊重，顾客也一样，如果你只知道给客户灌输产品知识，那么他们就体会不到丝毫的被尊重感，这就不利于我们走近他们。

此时，我们要走近客户，让他们感觉到自己重要，就应该多谈一些与他们自己有关的事，而少谈一些与你或你的产品有关的事。这样，对方就会觉得你很重视他，你与对方的感情距离就会一下子拉近很多。

2. 让顾客多说，让自己多听

销售人员和客户沟通，最重要的就是要找出顾客的需求，如果你不能找出顾客的需求，那么我们的推销工作就无法开展。

要找出顾客的需求，除了观察和调查外，最重要的方法就是多问顾客问题，让顾客自己把他的需求或者问题说出来。也就是说，在沟通中，你要做的就是让自己多听，让顾客多说。顾客说得越多，你能掌握的信息就越多，掌握的信息越多，你就越容易销售成功。

3. 用客户熟悉的语言和客户沟通

在与客户进行沟通时，销售人员应该使用他们所熟悉的措辞和术语。很多销售人员在向客户介绍自己的产品时，不懂得转化，拿过专业术语来直接就用。要知道，很多客户并不经常接触你所在行业，对一些专业术语，他们更是不懂，如果在沟通的过程中，你使用太多的行话或专业术语，很容易就会给他们带来挫败感。

当然，有时候，我们不得不用这些术语，在使用的时候，你必须要仔细地向客户解释这些专业术语的含义，直到他们彻底明白为止。

4. 通过不断提问，确保客户充分理解你的意思

在与客户沟通的时候，有时候，你需要向他们介绍比较复杂的内容，这些内容很容易给客户带来疑虑。在这种情况下，你应该通过不断地提问，来判断客户的掌握程度。一旦发现客户未能完全理解你所表述的意思，你应该继续询问他们具体掌握的程度，根据其掌握程度，再做出有针对性的补充。

5. 复述客户的讲话

上面讲过，客户比谁都需要尊重，要体现你对他们的尊重，学会复述客户的讲话是一条不错的途径。

通过复述客户的讲话，让他们知道你一直在认真听取他们的讲话，而不是对他们的话漠不关心，这会给客户一种被在乎的感觉，客户也会更加尊重你的坦诚。当然，复述客户的讲话，还有利于让我们自己真正把握客户的要点，如果客户对我们的复述有异议，我们应该做进一步解释，直到双方彻底达成共识。要知道，在销售中，最忌讳的就是不懂装懂，如果我们不明白客户的意思，或者根本就没听清楚对方所说的话，就一定要向对

方询问清楚。不要觉得不好意思，客户喜欢的就是坦白和诚实的人。

6. 以客户为师

要更好地走近客户，在与客户沟通时，我们不妨以客户为师。孔子在《论语》中有："君子好为人师焉"，意思是说聪明的人都喜欢指点别人。为了进一步加强我们与客户之间的关系，我们可多向客户请教。不管是工作中遇到难题，还是个人发展遇到问题，我们都可以摆出低姿态，向客户请教。把客户放在老师的位置上，客户一定会心情舒畅。

卓越的销售人员一定是有着良好沟通力的人，我们知道，销售工作实际上就是一项与客户不断保持沟通、不断强化沟通效果的工作，谁能确保与客户之间的沟通更有效，谁就能更快成为销售界的佼佼者，否则，就只能在与客户的一次次较量中以失败告终。

让客户心随我动——应变力

在生活中，我们难免会遭遇一些突发状况，此时正是对我们的应变能力和适应能力的一种考验。这个时候，如果一个人没有灵活的应变力，在遭遇突发事件后，不知所措，甚至鲁莽地采取一些不合适的行动，那么，他很容易就把事情搞砸，让自己遭受损失；相反，如果一个人的应变能力足够强，那么，他就能理智地分析客观情况，然后找出巧妙的方法去应对它，最终使自己摆脱窘境。

著名节目主持人杨澜在一次上场时，不小心踩空台阶，滚落到台下。杨澜站起后，镇定自若地重新回到台上，她巧妙说道："真是人有失足，马有失蹄啊，我刚才的'狮子滚绣球'滚得还不是很熟练吧？看来这演出的台阶可不是那么好下的，但台上的节目接下来会很精彩。不信你们瞧他们……"

杨澜用自己沉着冷静的应变力化解了这场尴尬局面，观众们不但没有取笑她出丑，反倒为她的灵活应变力折服。这就是应变能力的魅力。因此，不断培养和提升自己的应变能力是我们每个人必须要做的事情。

同样，对于销售人员而言，良好的应变能力更是其需要具备的重要素质。为什么？我们知道，销售工作就是不断与各种各样的人打交道的过程，每个人都有自己不同的脾气和情绪，如果有人突然脾气大变或者其情绪出现变化，都会给销售人员带来一些难以应对的情况。这时，销售人员如果缺乏灵活的应变力，那么，他就很难做出相应的应对，来满足客户的不同要求，这势必会给销售工作带来阻碍和不利。反之，如果销售人员能随机应变，做到在突发事情面前，能巧妙地化解对自己不利的因素，那么，不仅能扭转劣势，还能促成交易。

有一位销售员去人群中推销一种摔不碎的杯子，因为一不小心，拿成了普通的杯子作为演示样品。

当他滔滔不绝地向人们解说这杯子如何如何结实，如何如何摔不碎时，人们都大声喊着，要他用手中的杯子演示一番。

这位推销员毫不犹豫，啪地就把杯子摔在了地上。这一摔，可把推销人员吓了一跳，杯子全碎了。在场的人立刻都哄笑起来，等着看销售员的笑话。

此时，销售人员略微稳定了下情绪，他故作镇静地说："其实我是逗大家玩的，像这种一摔就碎的产品，我是不可能卖给大家的，我要卖给大家的产品在这里！"说着，他从另外一个包里拿出了真正的样品，并当着大家的面连摔6个真正的样品，个个掉在地上完好无损，彻底赢得了消费者的信任。就这样，推销人员最后成交了一大批顾客。

案例中的销售人员凭借自己的应变能力扭转了劣势，最后促成了大批客户交易。可见，具备良好的应变能力能帮助我们突破障碍，变不利因素为有利因素，把事情引向好的方面。销售过程中充满千变万化，作为一名优秀的推销人员，我们要具备"卒然临之而不惊，无故加之而不怒"的大将风度，就必须要不断培养自己的应变能力。在这里，我们给你提供几种应变技巧，帮你轻松解开在销售中遇到的困难，做好随机应变。

1. 借题发挥

像上面案例中，推销人员的做法就是借题发挥，借着已经发生的问题来表达自己真正的观点，这种做法可以不再让尴尬场面持续升级。试想，如果销售人员不具备随机应变的能力，不懂得接下来用 6 个完好无损的杯子赢得顾客信任，来解开这次尴尬，那么，顾客肯定会个个拂袖而去。

2. 幽默诙谐

要解释幽默诙谐，我们还是来看一个例子。

美国一家商店，门口的广告牌上写着："无货不备，如有缺货，愿罚10 万美元。"有个故意来挑衅的消费者，很想拿到这 10 万美元，便去见经理。这位消费者觉得这家店不可能有飞机、潜艇，于是，一进门就要求经理带他看飞机、潜艇，没想到，这家商店真的有。这位消费者哪里肯罢休，他继续问道："你们这可有肚脐眼生在脚下面的人?"

这位经理早就看出了这位消费者的挑衅，但经理并没有发火，而是凭借自己的应变能力，平静地对自己的店员说："你来个倒立给这位先生看看吧!"此时，这位消费者也被这位经理幽默的方法逗笑了。就这样，这家店既没损失 10 万美元，又给顾客留下了好印象。

3. 应付周旋

应付周旋就是把难以解决的突发事件先搁置一边，告诉客户你暂时特别忙，等到明天见面再详谈。

一般你说完这些话时，客户一般就不会再继续纠缠，他会答应你的请

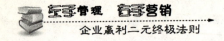
求。这样一来，你就可以有更多时间来考虑如何把客户的难题解决得更好。

美国著名的营销学家卡塞尔说："生意场上，无论买卖大小，我们卖的都是智慧。"良好的应变能力是智慧的一种体现，缺乏良好的应变力，我们可能损失很多客户，而拥有良好的应变力，就能让我们以更智慧的手段去解读客户的难题，利于我们销售的达成。

第九章　营销组织

——建立完美的营销体系

了解你的组织和员工

管理者要建立完美的营销体系，第一步就是了解你的组织和员工。任何组织都是由人组成的，每个人都有自己不同的性格和需求，如何将这些性格不同、需求不同的员工融合在组织这个大熔炉里？如何在企业内组建优势互补的黄金团队？又如何让员工都能产生归属感？如何才能让员工与组织同步发展？组织又该如何为员工提供更好的发展平台……要解决好这些问题，非常重要的一点就是——管理者首先要了解你的员工和组织。

要了解企业组织的架构、文化等，相对来说比较简单，通常来说，公司内部都会有组织机构图，这个图通常会出现在管理部门周边的区域；你也可以通过向资深员工询问来了解企业的相关情况；另外，很多企业都有文化宣传册等资料，通常也会有关于企业组织的内容。

此外，前面我们说到，销售工作离不开其他部门的支持，比如产品研发部、物流配送部、客服部等。要建立有效的营销体系，管理者在日常工作中，必须做好跨部门之间的沟通，了解其他部门的工作流程，使部门与部门之间的合作更顺畅。

当然，要建立完美的营销体系，熟知企业的业务情况必不可少。与了解企业的组织架构、企业文化相比，管理者要真正了解企业的业务情况，有一定难度。这离不开管理者深入实际，进行走动式管理。

深入实际的工作作风一方面可以使领导与员工间建立起更为密切的联系；另一方面深入实际工作，可以使管理者对业务发展产生更好的直觉性认识，尤其是在接触一线销售的工作中，更利于管理者产生新的想法和思路。

管理者必须学会亲身体验并全面了解自己的企业。我们看到，在那些执行文化建立得并不到位的企业里，管理者们通常都不了解自己的企业每天真正在干些什么。他们对企业的认识，多是来源于下属的一些汇报，也就是说他们主要是靠获得一些间接性的信息来了解企业，但这些信息都是经过过滤甚至歪曲的——在很大程度上受到信息收集者个人因素，以及管理者自身的个人喜好、日程安排等因素的影响。管理者并没有真正参与到战略计划的执行和实施当中，所以，他们根本无法从整体上对自己的企业产生综合的全面的了解，而企业的员工们对这些管理者更缺乏了解。

沃尔玛为什么会取得如此大的成功？很重要的一个因素是因为它的创始人山姆·沃尔顿有大量的时间走到基层去。

在山姆·沃尔顿差不多六十岁时，有一次，一家报纸跟他约定好对他进行一次采访。当记者赶到总部时，并没见到沃尔顿本人。后来，记者在沃尔玛的营业大厅见到了在那里等候多时的沃尔顿。他正在收银台旁边帮客户装袋子。

记者大吃一惊，世界第一大公司的老总居然在帮客户装袋子拎东西？随后，这位记者走近沃尔顿："沃尔顿先生，我们不是约好在您办公的地方进行采访吗？"沃尔顿笑着告诉记者说："我一直以为现在这个地方才是我办公的地方。"记者又问："以您现在的职位，您为什么还做帮顾客装袋子这样的小事呢，让别人来做不就行了吗？"沃尔顿有些严肃地答道："我每个星期必须在固定的时间来这个地方办公。我要了解真相，在这里我才能知道顾客真正想要什么，也只有在这里我才能知道基层员工的动态。"

与沃尔顿相反，很多管理者总是以忙为理由，不走一线；还有很多管理者总是放不下架子，他们觉得管理者就应该坐在办公室听汇报、作决策，这是非常错误的一种想法。沃尔顿作为一个世界第一大公司的老总且能通过亲身到一线工作来了解企业的现状，我们有什么理由做不到？

在了解了组织之后，要建立完美的营销体系，管理者还必须要了解你的员工。如何有效了解你的员工呢？

1. 带着思考和解决问题的心与员工进行交流

作为管理者，我们都习惯用访问的形式来了解自己的员工，但在访问后，你觉得效果好吗？在访问中，你又学习到了什么？有没有想过为什么在访问后毫无收获？

一些管理者把访问当成是走马观花似的巡查，做做样子就走人；还有一些管理者在访问的时候，只是和员工聊天拉家常，这样的访问的确能显示管理者亲民的形象，但是对发现企业问题和解决问题有用吗？没用！

管理者要真正了解员工了解企业，就必须要带着思考和解决问题的心与员工进行交流，并为解决问题作出亲身印证。

有着丰富的管理经验和成就的霍尼韦尔国际总裁、CEO，近来少有的、最受尊敬的企业领导人拉里·博西迪在其著作《执行：如何完成任务的学问》中说：

"如果我要去参观一家工厂的话，那肯定是因为我听到了一些关于该工厂经理的议论，同时我需要亲自印证一下。如果人们说该经理是一位非常讲求效率的人，我就会设法进一步加强他在这方面的能力。我会和他进行一些比较深入的讨论。我知道他表现不错，但或许我会提出一些他根本没有想到的问题。如果大家都认为他是一位不合格的经理，我就会亲自确认一下他是否还应该继续待在现在的工作岗位上。而且我想看看他所组建

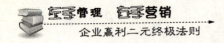

的团队，这样我才能提出一些正确的问题，从而对他的能力产生一个更为清晰更为深入的了解。

"然后我会尽可能地多会见一些员工。我会花上半个小时的时间告诉大家公司目前的发展情况。然后我会用一个小时的时间来回答大家的问题。从这些问题当中，我可以推断出工厂经理平时和大家的交流情况。如果根本没有人提出任何问题的话，这肯定不是一个开放的团体。如果人们不敢向我提出一些比较尖锐的问题，比如说，'你今年拿多少红利?'等，那我们进行的肯定不是一次自由的交流。"

拉里·博西迪说通过这种交流，其对公司的真实情况和员工的心理都会有深入的了解，并且他相信每个人都能从这样的谈话中有所收获。

2. 运用好非正式沟通渠道

很多时候，管理者如果运用正式的沟通渠道来了解员工，难免会使员工感到紧张，其实，与正式的沟通渠道相比，非正式沟通渠道更能获得有效信息。比如老板可以跟员工一起活动或出游，如李开复、马云、张朝阳等都会在公司年会上故意搞怪，借此拉近与员工的距离。另外，对员工进行家访也是了解员工不错的方式。

3. 卧底值得一试

如果有条件，管理者可尝试到公司基层"卧底"，与走动式管理相比，"卧底"管理更有效一些，卧底的目的是让老板们获得换位思考的体验，有助于他们在日后的管理中将换位思考的方法应用到实际工作中。

坚持以事实为基础

管理者要建立完美的营销体系，除了要了解你的组织和员工外，还要坚持以事实为基础。

坚持以事实为基础就是实事求是。实事求是是执行文化的核心，没了实事求是，执行就会变得不切实际，脱离正确的方向。但可惜的是，在很多组织，无论是管理者还是员工都在尽量避免或掩盖事实。为什么？

因为实事求是有时会使生活变得残酷。任何人都不喜欢打开潘多拉的盒子，没有人愿意成为麻烦的制造者，也没人愿意成为对抗上级的笨蛋，他们总是希望能掩盖错误，总是希望能够避免对抗。于是，大家开始报喜不报忧。

企业的管理者也是如此，当上级要求他们描述自己团队或部门的强处与弱处时，他们总喜欢对自己的强处夸夸其谈，对于自己的弱处，却总是含糊其词。特别是当上级问及如何改正弱处时，这些管理者的回答更是模模糊糊："我们必须达成目标。"当然，你应该尽量达成自己目标，但问题是你准备采取什么具体的措施——这完全没说清。这是一种实事求是的态度吗？显然不是。

不能实事求是，就不利于我们做出精确的决策。反之，只有实事求是，一切从实际出发，我们才能做出最符合自身发展的决策，才能在工作中真正做到有的放矢。那么，就营销组织的建立而言，我们应该如何做好实事求是呢？

1. 以营销数据为基础

怎样才能做出最合理的营销策略？必须以营销数据为基础。数字是不添加任何感情因素的、对现实情况实实在在的记录。在决策时，数字要比眼睛和感觉有说服力得多。以数据为基础所做的决策管理，我们一般可以称之为数字管理。在工作中，学会数字管理，可以减少因人为决策的主观性和不精确性给企业造成的损失。

为什么管理者会依靠以往的经验和创意"拍脑袋"决策？为什么企业

无法准确预测自己的决策结果与最终财务报表数据之间的关系？为何好的市场营销策略和活动，经常失灵，最终只能依赖于价格促销？为什么我们的销售结果只能用"大概、大约、差不多"等类的词语来形容？

这主要是因为在经营活动中，管理者忽略了数字的重要性，忽略了数字管理的重要性——通过数据分析，我们可以掌握每个因素的贡献度；通过分析海量数据，我们可以更好预测未来行为及趋势，做出更理性的决策；通过数据分析，我们可以有效识别我们的目标消费群，确定我们的赢利客户和成长性客户在哪里；通过数据分析，我们可以用最小的成本赢得最大化的利润；通过分析各种费用之间的相关性，我们可以发现提升销售额的更好策略……

简言之，通过对数字的运用和分析，管理者才能将要管理的事情细化和量化，企业才可以将管理的精确度提高到无限大。

当然，我们不能否认，很多人不是没有认识到数字的重要性，而是他们"不忍"运用数字管理。为什么？因为数字往往牵动着整个组织中最敏感的部分，在数字的背后往往隐藏着血淋淋的事实，而很多人是根本经不起这些数字检验的，于是人们就把数字束之高阁。这就像拉里·博西迪所说的："在现实的商业运营中，很多人在分析问题的时候并未采取实事求是的态度，因为这样会让他们感到不舒服。"但企业最后的业绩成果却证明：只有这些数字才是企业最值得信赖的。

2. 真正以客户为导向

营销中的实事求是，还有很重要的一点，那就是真正以客户为导向。

真正以客户为导向首先就是侧重于满足客户的个性化需求，通过分析不同客户的消费行为以及偏好，来明确解决两个问题——哪些用户是营销活动或者某个产品的目标用户；每个用户最适合给他推荐的产品是什么。

这与笼统意义上的以客户为导向不同，笼统意义上的以客户为导向虽然也讲求根据用户细分来设计营销组合，但是并不清楚每一个客户的偏好和适合推荐的产品，当营销展开时也只是笼统地针对某几个用户群体，而忽视了细分用户群体里的个性化、差异化的需求，营销效果自然不会太理想。

其次，真正以客户为导向是一个基于数据分析的量化过程，它是以事实为依据，是对用户偏好和使用行为的精准分析和衡量，从而实现对客户的精准定位，并实现对不同客户不同业务内容的精确推荐。而笼统意义上的以客户为导向，更多采用市场调查方式来了解客户的偏好和消费行为，在给客户做定性分析时，渗入的主观因素很多，况且客户很多潜在的需求是无法通过市场调查得出结论的。

3. 完整的客户信息是决策的核心依据

很多企业往往将客户信息管理停留在静态水平上，这样很容易造成客户信息的不完整，致使客户信息成为一种无效信息。

管理者要认识到，要想支持企业的业务决策，客户信息就一定不是简单的静态信息，它必须是动态的完整的信息，它不应单单包括客户的姓名、地址、联系方式，还应包括客户的需求信息、消费历史、投标历史价值信息等。也就是说，客户信息必须是全方位的，并且是时时更新的。

最后需要强调的是，要做到真正坚持实事求是就必须学会比较，就像拉里·博西迪所说："坚持实事求是就意味着你必须用一种客观的态度来看待自己的公司，尤其是在拿自己的公司与其他公司进行比较的时候。你一定要非常清楚地了解公司当前所发生的一切，同时要放开眼界，在衡量自己进步的时候，把眼光放在与其他企业的对比之上，而不是仅仅局限于本企业内部。你不能把自己的关注点停留在'我今年取得了什么进步'这样的问题上；你应该问，'和其他公司相比，我们公司目前的状况怎样？它们是否取得了更大的进步？'这才是一种真正的实事求是的态度。"

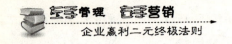
树立明确的目标和实现目标的先后顺序

目标是什么？目标简单来说就是方向。有了明确的目标意味着你知道自己的目的地在哪里，朝着明确的目标前进，虽不能保证你一定能到达那个想要前往的终点，但至少能够保证你的行进方向是正确的。

一个人有无明确的目标，其生活状态完全不一样。有明确目标的人能够集中精力去实现目标，而无明确目标的人，他们一会想想这个，一会想想那个，结果自己变得漫无目的。荷马史诗《奥德赛》中有一句至理名言："没有比漫无目的地徘徊更令人无法忍受了。"对于任何一个人来说，明确的目标都是最重要的。一个没有明确奋斗方向的人，他的生活就会因漫无目的而难以忍受。同样，对于一个组织来说，明确的目标也非常重要。

组织是由不同的人组成的，要统一人的意愿，使组织内部成员的方向保持一致，就必须确立明确的目标。当人们的行动有明确的目标，人们才能把自己的行动与组织目标不断加以对照，才能更清楚自己的行进速度和与组织目标之间的差距，才能不断改进，争取做到与组织协调同步。

具体到营销组织的建立来说，一个成功的营销组织离不开营销目标的确立，营销目标是营销计划的核心部分，对营销策略和行动方案的拟订具有指导作用。也就是说，只有先确定营销目标，我们才能更好设定营销策略和员工执行方案。

那么，管理者该如何设定明确的营销目标呢？

要拟定出合理的营销目标，管理者要做好四个方面的检讨工作：销售目标、目标市场、经营评估中的问题点与机会点、列出理由。

1. 检讨销售目标

销售目标就是公司预计在来年要达成的预测销售量。为使销售目标合理，管理者必须和员工一起讨论并了解销售目标设定低、中、高水准的理由。

2. 检讨目标市场

目标市场是达成销售目标所需要的源流或来源。在检讨目标市场时，要做好两方面的工作：

第一，确定目标市场的大小：就是了解消费群体的多寡以及客户的潜在实力；

第二，了解现有顾客基础的大小：销售人员必须要清楚所要影响的顾客人数的多少，否则就无法预测最终的销售结果。

3. 分析问题点与机会点

分析问题点与机会点，可以帮助我们了解营销目标内容的每一个问题点与机会点和目标市场行为的关系。营销目标的基础就是要解决问题，抓住机会。

4. 列出理由

最后一个步骤是列出理由。列出营销目标能达成的理由，如果不能达成，也列出详细的理由，便于我们更直观地探讨问题，修正目标。

当然，需要指出的是，管理者在树立目标时，一定要确保目标的明确性与清晰性，也就是说每个目标的界定一定要清晰。什么叫界定清晰，就是说每个目标都要有其明确而又不一样的内容、要有明确的实现时间、实现条件、实现平台、目标阶段以及实现顺序等。如果目标与目标之间的界

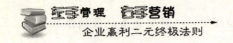

定不清晰，员工很容易就混淆了不同目标，这必然会造成管理的混乱。

此外，光有目标还不够，关键是要设定出目标的优先级。什么是优先级，就是设定清晰的目标顺序，找出哪些是重点。有时候，组织会一下设定三到四个甚至更多目标，如果我们不清楚哪个目标最重要，不清楚最先应该执行的是哪一个，企业就会出现公说公有理婆说婆有理的现象，各部门在进行决策时很可能就会陷入无休止的争论之中。

俗话说，如果你不知道要去哪里，随便哪条路都可以。这是我们为什么要设定明确目标的原因。然而，目标一旦确定下来，我们就需要开辟一条通往目标的路，也就是说我们需要找到将目标转变为现实的途径。此时，设定目标的优先级就变得非常重要了。如果一个组织不知道确定目标的优先级，什么时候都强调方方面面都很重要，这是非常危险的。

事实上，设定目标优先级的过程就是确定重点目标的过程。一个组织内重点目标不能太多。为什么？因为重点目标太多就等于没了重点，员工很容易就主次颠倒。企业只有确定了哪些目标最紧迫最必须，才能坚持对重点目标不放松，才能将最重要的资源配置到最关键的地方，使工作取得最佳成效。

及时跟进

越来越多的成功营销案例告诉我们："英雄主义"和"单点突破"时代已经过去，企业的持续发展取决于营销体系的完整性和系统营销的竞争力。

要建立完整的营销体系，离不开管理者的有效跟进。

为什么要讲跟进？因为在企业中有不少计划是因为不能做到后续跟进而导致失败的。我们知道，一个完整的执行力模型包括五大方面：执行方案、执行工具、执行流程、推进时间、过程控制。跟进属于过程控制。为什么要进行过程控制？因为结果不可改变，但过程是可控的。我们要想达到自己想要的结果，想要对结果进行控制，就必须要从过程开始控制。否则，你根本不可能得到自己想要的结果。

任何一个组织都强调执行，到底怎样做才能有效提高企业的执行力？事实上，如果在企业内能做到每件事都有人跟进和负责，那么企业的执行力就会大大提高。反之，如果缺少跟进，很多工作都不能取得成效。我们来看下面的场景：

总经理：今天我在检查工作的时候，听一个客户说，他上个月投诉的问题，到现在还没解决。今天这个客户追问我们的客服经理，才知道，客服经理已将问题报给了工程部，但具体进展到哪不是很清楚。怎么会出现这样的问题？

客服部经理：我一接到投诉，就马上打电话给工程部了，让他们及时把维修单派下去。

工程部经理：我们一接到维修单，就马上叮嘱相应的工程人员去维修了。

总经理：那维修的结果怎样？你们谁知道？如果维修的结果到位，为什么客户今天又打来投诉电话？

工程部经理和客服经理一时无语……

上面的情景，是不是在我们的企业中也经常存在？一项工作派下去了，部门的负责人到最后却不知道任务的结果。为什么会这样？这主要是因为缺少对员工执行情况的"跟进"。很多工作如果不及时"跟进"，就很难如期完成或取得理想成效。

在这个案例中，如果客服部在告知工程部后，能主动"跟进"工作，就会及时掌握工程部的工作进展，当客户再打来电话时，他们就会很好地向客户做出解释，客户的不满就会相应减少。同时，如果工程部的领导能够及时"跟进"工作，及时了解工作结果，并主动通知客户或客服部，那

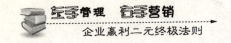
么客户的不满可能也不会出现。

工作中，我们需要"跟进"的事情有很多，比如，下属制定了自己的销售目标，管理者需要不断跟进，了解其完成的情况，并及时给予帮助；我们与客户约定了见面时间、地点，也需要跟进，以确保约见和谈判如期进行；当我们提交给客户一项方案时，我们也需要不断跟进，这样才能在最短时间内获得客户对方案的修正意见，便于我们不断改进……

"跟进"随时随刻都需要，只有"跟进"，我们才能确保事情可以高效高质量的完成。其实，很多时候，我们没必要花费大量的金钱请专业的培训人员给员工灌输执行知识，有时候，一个普通的"跟进"就可以把问题解决掉，但正是因为缺少这一步，很多事情被顺理成章地拖延了下来，最终导致大问题的出现。

那么，我们在工作中，应该如何做到有效跟进呢？

1. 制订跟进计划

第一，把需要跟进的内容写下来。美国宝洁公司倡导"书写的力量"，凡是涉及需要跟进的内容，一定要以书面形式呈现出来。尤其是需要跟进的时间、阶段性成果、责任人、跟进人等一定要写清楚，这样，可以减少推脱，使人人不好意思落后，从而实现高效执行。

第二，对重点需要跟进的事项，可设立必要的"工作事项跟进表"，当跟进一次没有结果时，管理者要填写好相关的任务进展情况、问题的解决办法以及确定好下次跟进的时间，直至跟进到任务彻底完成。对于一般事项，可以利用邮件等方式进行跟进。

2. 实施多种方式跟进

跟进的方式越多，跟进效果就越好，对管理者而言，除了现场跟进、电话跟进、发跟进督促函等方式。我们这里再介绍几种好用的跟进方法。

（1）小纸条跟进法

世界第一CEO韦尔奇最常用的就是小纸条、小贴士跟踪法，他常把需要跟踪的重大工作的进展罗列在小纸条上。

（2）看板监控法

看板式管理是丰田公司发明的，他让每一个人把执行的任务、完成期限、责任人、执行的结果都写在看板上，通过别人监督和自我监督，来督促自己按时完成任务。

（3）及时贴跟踪法

让员工把那些最需要及时完成的工作贴在最显眼的地方，当管理者走到员工身边时，就去问问进程。

（4）"助手"跟进法

作为管理者，你可以让你的秘书来跟进你的工作；作为一般员工，我们可以找其他同事来不断提醒自己还有哪些事情需要解决。

（5）建立问责制是跟进的有效方法

建立问责制最重要的是明确处罚和奖赏制度，并严格执行制度。

此外，为了跟进更有效，我们还需要掌握跟进的原则和注意事项。

对管理者而言，要掌握以下跟进原则：及时的——问题越早发现越容易解决；有意义的——只跟进那些与达成销售目标有直接关系和直接帮助的事情；实际的——销售工作的跟进永远不要过于琐碎、复杂；经济的——销售跟进工作的花费不要太多，否则会影响整个团队的收益；灵活的——销售工作不同于一般的坐班工作，没必要一定要求销售人员利用邮件或在某某时间一定向你汇报结果，这是不实际的。

列宁曾说过："信任固然好，监控更重要。"IBM总裁郭士纳说过："如果你强调什么，你就检查什么，你不检查就等于不重视。"换句话说，及时跟进是提高执行力的有效手段，没有跟踪监控就没有执行力！

对执行者进行奖励

在中国有一句话，叫"重赏之下必有勇夫"。意思是说，在丰厚赏赐的刺激下，一定会有勇敢的人接受任务、接受挑战。当然，从管理的角度来说，这是启发管理者要做好奖励分配工作。

蒙牛的牛根生曾说过一句话："企业的本质问题是再分配问题。"他曾告诉所有员工：你们是在为自己打工，不是为了别人。干得好你们收入就高，这个不用怀疑。蒙牛为什么成功？很重要的一个原因在于它的分配机制能调动员工的积极性，大家都愿意跟着牛根生干，就是这么简单。

所以，当员工在执行方面实在提不起兴趣时，管理者不妨先检讨一下分配制度。看看自己是不是论功行赏了？看看自己有没有激励到位？看看自己是不是真正做到让员工的绩效与报酬之间成正比？

可惜的是，现实中仍有很多企业做不好论功行赏，这些企业根本做不到让绩效优越与浑水摸鱼的员工在激励上有所不同，在他们眼里，做优做劣待遇都应该一样。且不说这是对劣等员工的一种纵容，还会从根本上打击优秀的员工，使团队激情下降，导致团队执行力和竞争力严重下滑。

如果你真的希望自己的员工提高执行力，那么，你就要对执行力强或者执行到位的员工进行奖励，对那些执行力特别差的员工进行惩罚。对具有卓越执行力员工的一种奖励，是为了让他们感受到付出与收获对等；特别是管理者要把这些员工当成标杆，号召全体员工向这些员工学习，更会让员工感受到自豪感，激励他们在以后的工作中再接再厉；对执行力差的员工进行惩罚是为了警示所有员工，如果一个员工在工作中拖拖拉拉，企业是绝对不会纵容姑息的。

执行力是任何公司都强调的一种重要能力，要成为一家具备执行型文化的公司，管理者就必须采取一定措施来衡量、奖励和提拔那些执行力超强的员工；惩罚或开除那些执行力不强的员工。如果做不到奖罚分明，时间一长这些人就会影响整个团队的执行氛围，造成团队执行力下降。下面例子中管理者的做法就是一个教训。

员工张强执行力很差，每次领导交代的事情，他总是拖拖拉拉。就算是完成任务，任务的质量也不高，甚至有时候还错误百出。部门的经理碍于面子，并没在明处批评张强，而是给他一些暗示，希望他改改自己的坏习惯。谁知，经理的暗示并没起任何作用，张强做事拖拉、走样的坏习惯依然保留着。

后来，部门经理的上级知道了这一情况，他劝这个部门经理给予张强严厉的批评，如果批评之后，还是不改，就立即开除。

部门经理按上级的指示找到张强谈话。但真到了谈话时，经理又开始不好意思了，绕来绕去说了一大堆就是没有开口批评张强，因为大家私下都是好朋友，经理实在不愿意和他撕破脸皮。

就是经理的一次次容忍，给整个部门带来了严重不良后果。部门其他人也开始对张强的坏习惯习以为常，甚至都看在眼里、记在心里，到最后竟然有人开始效仿张强。当经理指责这些效仿的员工时，这些员工理直气壮地说："他（张强）做事拖拖拉拉，凡事执行不到位，你怎么不批评他？为什么我犯点错，你就指责我？"一时间，经理哑口无言……这岂不就是俗话说的"一颗老鼠屎坏一锅粥"，长期在这样的工作氛围中受着不良影响，员工的整体执行力怎么会不下降？

因此，优秀的管理者必须要做到奖罚分明，否则人们就没有动力为公司作出更大贡献，企业也无法真正建立起一种执行型文化。

现实中，很多管理者总是不惜时间来探求各种各样的执行力手段，实际上，奖惩结合就是提高执行力最有效的手段之一。奖罚本身就是一种有效的执行工具。合理地运用奖惩，它能变压力为动力，激发员工潜能，提高团队的整体行动力。对任何企业来说，建立一种以奖罚制度为基础的激

励机制是关乎团队执行力强弱的关键因素。

为什么这样说呢？

因为如果一个团队没有完善的奖罚制度和奖惩措施，解决不了"做不到后果如何"这个问题，员工就会产生"做不到也无所谓""做不到也没关系"的心态，时间一长，他们就会固化一种"反正完成不了任务，执行不到位也不会受罚"的思想，在这种思想的影响下，他们就会慢慢地对团队的任务呈漠视状态，最后导致任务无法达成。即使是管理者苦口婆心地说服教育，大家也会无动于衷，管理者最后也只有无奈的分。

所以，管理者要想提高团队执行力，一定要用好"奖惩"这把组合剑，确保管理的力度和刚性，使团队执行到位。如果管理者用不好"奖惩"这把组合剑，在管理中，两手都不硬，那么，组织中总有一些人会大胆地胡作非为，这势必会影响整个团队的执行力和战斗力。

当然，在奖惩的时候，管理者可采用多种组合方式：比如角色奖惩——对于那些有主人翁意识，在工作中能充分发挥主动性、责任感的执行者进行奖励，对于那些"得过且过"者给予惩罚；工具奖惩——对于那些善用工具，善于发明创造各种工具的执行者进行奖励；心态奖惩——对于在执行中，心态端正的员工进行奖励，即便是这类员工暂时没做出成绩，对于那些抱着错误心态执行的员工进行惩罚，等等。总之，奖惩的方式方法越具多样化，员工的执行力管理越有效。

最后需要强调的是，好的管理者在奖惩时，不仅要重视执行者的结果，还要重视其执行过程的奖罚，如此才能确保执行不偏离执行计划或最终目标。

及时总结

要建立完美的营销体系是一项系统的工程，它不但需要管理者的监督跟进和指导，还需要管理者不断总结。只有不断总结，才能及时地发现问题、查漏补缺，保证工作的有效落实。

毛泽东同志曾说过："把总结当成一种习惯，善于总结的人是无敌的，干什么就要琢磨什么，看透别人的失败，成功就会水到渠成，我们是靠总结经验吃饭的。"足可见，总结的重要性。

的确，毛泽东带领的解放军组织历来就是善于总结的高手。在部队管理上，建军之初，毛泽东就总结出了"三大纪律、八项注意"。在井冈山军事实践中，毛泽东、朱德又总结出了"敌进我退，敌驻我扰，敌疲我打，敌退我追"的十六字口诀，并以此作为红军游击战争和打破国民党"围剿"的基本原则，使得红军以及后来的八路军、新四军能够在战争中有效保护自己，最终取得战争的胜利。

1947年，解放军又根据作战形势和特点，总结出了"一点两面""三三制""三猛"等战术原则，进一步提高了军队战斗力。在20世纪90年代，为加强基层干部管理，解放军又总结出了基层干部管理"五勤"：一要眼勤，二要嘴勤，三要手勤，四要腿勤，五要脑勤。

正是因为不断地总结，才使解放军这个优秀组织不断适应新的变化，不断与时俱进。

军队不断总结，是为了战争的胜利；企业组织不断总结，是为了竞争的获胜。

在激烈的市场竞争中，每一个企业都需要对市场走势和前景进行预测和判断。但往往这种预测和判断会使企业管理者产生困惑，因为前景是不断变化的，人们是无法对不断变化且还没有发生的事情做出定论的，这就使得管理者很难看清前方的路。此时，在我们看不清前方道路的时候，最有效的办法就是回头看看，从走过的道路中寻找出规律，总结出经验。

平凡者与卓越者有很多不同，其中一个很明显的不同就是卓越者懂得不断回首过去走过的路，他们善于从过去的所做中总结经验，尤其是他们

懂得珍惜失败，更善于从失败中吸取教训总结经验，让自己在修正中不断前进。

3M 前总裁雷尔曾说："3M 可以说是一个始自'错误'的公司，我们始终认为，发展新事业时的错误是不可避免的。"

的确，3M 的不断进步与发展与其"不断试错"有着重要关系，更重要的是他们能在错误发生后及时总结，在总结中做到不断改正和提高。

在 3M，管理者不怕自己的员工犯错误，他们认为犯了错误并不可怕，重点是要在出现错误后懂得总结。在 3M 公司内，我们经常看到管理者和员工一起坐下来检讨问题出在哪，怎样更好改进，下一次如何才能制订出更完整的计划，等等。

实际上，犯了错误并不可怕，只要能及时总结，在总结中不断改正，那么，错误也是孕育成功的摇篮。

有人经常会问一个问题：成功到底来自于哪里？其实很多成功人士的案例都告诉我们，成功来源于不断的总结、不断的修正！

陈安之老师说过，如果一个人每年都能总结一次，那么他就每年都有一次修正自己的机会；如果一个人每月能总结一次，那么一年他就有 12 次修正自己的机会；如果一个人每天总结一次，那么一年他就有 365 次修正自己的机会；如果一个人每天早晚都能做两次总结，那么一年他就有 730 修正自己的机会！如果一个人每年都有 730 次能修正自己的错误，那么这个人想不成功都难！

总结使人不断进步，总结能产生经验，总结更能发现问题，一个人或一个组织只有不断总结，才会取得更大进步。

要做好总结，需要注意以下两个方面：

1. 既要学会总结教训，又要学会总结经验

大多数人在总结时，一般都习惯在失败之后，总结教训，让自己避免

犯同样的错误，却很少人在成功之后也总结经验。一般来说，人们在成功时，往往会把注意力放在享受成功上，很容易就忽略了把成功的启示总结出来。

事实上，不管是成功的启示，还是失败时的反思，都是极其宝贵的财富。我们在总结时，既要把成功的启示概括出来，用于指导今后的工作，使我们的工作始终保持在良性轨道上进行；又要把失败的教训彻底查找出来，引以为戒，以避免类似问题的发生。如此，才是最全面最有效的总结。

2. 总结不等于简单地罗列干过的事情

要做好总结，我们就要学会在回顾中进行科学分析，在分析之后加以提炼，寻找出事物发展的规律和共同点。也就是说，要做好总结，既要进行科学分析，又要懂得进行综合，这样，我们才能从过去的事情中提炼出最值得借鉴的东西。

一位优秀的管理家说过："失败是成功之母，总结是成功之父。"一个不会总结的人，就不能从自己过去的经历中吸取教训，更不能不断超越。同样，对于一个管理者而言，如果不会总结，在抓工作抓任务时就会方向不明、思路不清、措施不硬，成效也不会太大；如果不善于总结，就理不顺存在的问题、差距和不足；如果不会总结，就不能发现组织的缺漏，更不能带领员工修补缺漏，从而取得更好业绩。

适时调整

良好工作成果的达成，除了要坚持不断总结外，还要学会在工作中不断调整。

为什么要调整？因为形势不断变化。在形势不断变化的情况中，如果

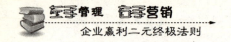

一个人不懂得调整，那么自己就跟不上形势的变化，就会被形势所淘汰。

要做好调整，管理者必须要做好以下几个方面的工作。

1. 随时关注形势

关注形势是做好工作调整的前提。联想集团有限公司董事局主席柳传志曾告诫联想销售系统的干部说："我们要求的是你要经常抬头看整个形势，然后把自己部门本身工作做好。"

管理者只有不断抬头看整个形势，随时关注形势、研究形势才能做到审时度势，做到知己知彼，才能更正确地去制定战略，更好地完成任务。

不去研究形势是非常危险的，这样我们就不能看清其他公司的情况，就无法吸取他们的经验和教训，就无法使自己避免在他们跌倒的地方摔跤。只有通过对形势不断分析，通过不断研究别人，我们才能更加清楚管理的难度。

在柳传志管理联想的 20 年中，"形势"两个字和他如影随形。在公司的大会小会上，他几乎每一次都要对形势做出一番分析：自己企业的，同行企业的，国内的，国外的……他说，作为商人就一定要懂得分析形势，只有不断分析形势，才能预测新的变化，才能正确看清未来发展的大趋势，才能不断调整自己的工作，修正那些错误的，才能做出更适合企业发展的决策。

2. 不断调整目标

世界充满变化与未知，不管是一个人还是一个组织，其目标也需要不断调整，使其不断趋于更合理。

我们知道，不管是个人还是组织，要发展都离不开明确的目标，有目标并不等于固守目标，当我们发现目标不合理时，我们就必须要学会调整，使目标更加符合自己的发展与变化。

马克思教育我们"要用发展的眼光看问题",对于个人而言,如果一味坚持自己最初的目标,即便是目标不合理或者是目标早已落后于时代发展,这无异于刻舟求剑。同样,对于一个组织而言,目标也不是一成不变的,企业或部门应该根据外部环境的不断变化及时对其进行调整与修正,使其更好地实现企业的愿景。

有人说,成功的人生就是不断调整目标,然后不断达成目标的过程;事实上,优秀组织的成立过程也是一个不断调整目标,然后不断达成目标的过程。

3. 合理地进行人员调整

对于销售领导而言,如果说销售业绩是其生存所依,那么团队组建就是其立业之本。合理的团队离不开管理者对其进行人员调整,尤其是当团队中某些人出现位置变迁时,管理者更应该及时做好团队盘点和整合工作。

我们知道,每年的二三月份是企业人才进出最频繁的时期,这个时候,如果管理者不能够保证优秀销售人才继续留任,不能保证销售岗位的正常"新陈代谢",不能及时地补充新的人员或人才,那么,企业的营销就难以展开,企业业务就难以增长。

4. 不断调整客户结构

做好销售工作很重要的一个环节就是不断调整并优化企业的客户结构。在企业发展初期或者销售初期,我们一般的做法就是大小客户兼收,在网络客户上以"广撒网"为主;等企业到了一定的发展阶段,我们就能分清哪些是一般客户,哪些是优质客户,我们要做的就是锁定优质客户,并努力将其拓展成为我们的高端客户,为我们创造最大价值。

5. 不断调整优化工作流程

一般来说，小企业的流程问题并不严重，但大企业的流程问题就比较严重了。甚至在很多企业，都存在着"纸上流程"和"操作流程"两张皮的现象，这对企业的管理和人员执行力的提升是非常不利的。

管理者在工作中，要避免这种情况，就要经常进行流程穿越。

什么是流程穿越？流程穿越是指管理人员拿着企业既有的书面流程，亲自到基层去观察员工实际上是如何操作和完成这个流程的。从而找出既有书面流程与实际操作流程之间的差距，发现存在的问题，从而达到优化流程的目的。

任何事物都不是一成不变的，我们要做的就是在调整中成长，在成长中调整。不管是个人还是企业，都只有在不断反思、总结、调整的过程中，才能不断提高，不断前进，最终实现预期的目标。

第十章 素质修炼

——营销高手自身能力提升

自动、自觉

卓越的政论家、新闻记者邹韬奋先生曾经说过："自觉心是进步之母。"那些成功的人，无不很早就明白，凡事只有自觉争取，才能尽早获得成功。

在职场上，自觉的人最容易脱颖而出。有一位非常著名的经理人说过："机会是不平等的，它只给予勤奋的人、勇于争取的人、超前地多跨了一步的人。"自觉的人也最容易得到领导的器重。没有一个领导愿意把要事要务交给一个被动工作、拨一拨动一动的员工，因为这样的员工会使领导感觉很累；领导都喜欢那些不需要督促、能主动先做多做、速度快效率高的员工，这样的员工可以被信赖，领导器重他们，愿意让他们承担重任。

很多全球 500 强公司，在招聘员工时，都把自觉作为主要的标准。宝洁公司有 8 项招聘标准，其中第一项是就是主动性和跟进到底；微软选人有明确的两大标准：聪明与自我激发的内在动力；麦肯锡在招人时，也明确提出了主动性这一标准。无一例外，主动性是所有成功企业对员工提出的首要要求。为什么主动性是企业对人才的首要要求？因为所谓主动性就

187

是达成成功结果的基本想法和愿望，如果一个人连基本的达成成功的意愿和想法都没有，那么，结果只能成为泡影，更不可能有所谓的成功之说。

主动，是一个人获得机会的根本保证，是一个创造奇迹的不二法门。对于销售人员来说，主动性的重要性更为突出。主动性强的销售人员更愿意和同事、顾客交流，他们会不断地自觉地去了解产品，不断向别人请教；主动性强的销售人员在工作中不但不会偷懒，还会自觉利用一切时间去积极分析客户的行为特征，为提升业绩自觉做出努力；主动性强的员工在工作中总能做到比别人多做一点，即使在面对困难时，他们也能凭借着主动付出的精神，直至把问题解决掉为止。

在巨人集团，有一个人起到了功不可没的作用，她就是程晨。如今程晨成了巨人集团的副总裁。

可很少有人知道，当年程晨进入巨人集团时，她只是一名普通的销售员，就在短短几年时间内，她就从单位的一个小员工走上了集团副总裁的宝座。到底是什么成就了程晨这么惊人的蜕变？是主动性！

1. 主动地比别人多做一点

大学毕业不久，程晨就进了巨人集团，成为一名产品销售员。和其他销售人员一样，程晨每天的工作内容就是和客户谈业务。

在很多人看来，每天重复着一样的工作，确实有些枯燥。但程晨却把工作干得有声有色。别人每天花八个小时跟客户联系打交道，她却总比别人努力得多，在8小时外她还不断与客户联络感情。

有一次领导让她去解决一件很棘手的事情，向一位一年多都没有给公司结款的老客户去追缴欠款。在很多员工看来，让这么年轻的一位小姑娘去解决这么棘手的问题，确实有点天方夜谭。但程晨二话没说，就接下了任务。

见了客户，程晨只字不提欠款的事情，她只是跟客户不断联络感情。

在八小时工作之余，她甚至扮演起了客户"保姆"的角色，又是主动帮助客户看孩子，又是帮客户主动接孩子。同事们在背后都说她傻，人们开始议论："这个小姑娘一看就知道没经验，下这么大力气，其实也是白费，谁不知道这个客户难缠？"

可程晨不理会大家的议论，她继续做她能做的，继续扮演她的"保姆"角色。最后，这个客户终于被程晨的诚意打动了，客户主动结清了所有欠款。由于表现得出色，程晨不仅成为公司的销售明星更得到了领导的器重。

销售就是个不断接触不同人的过程，在销售的过程中，我们也会遇上一些难缠的客户，当遇上这些难缠的客户时，你能不能也向程晨一样，主动地多做一点，主动地多付出一些，直到把业务拿下或者把问题解决呢？

2. 主动承担别人不敢承担的挑战

在工作中，很多人害怕失败，不敢接受高难度的任务，这实际上是给自己画地为牢。只有主动承担别人不敢承担的挑战，我们才能不断突破能力的上线。

在一次检查中，史玉柱发现南京公司的销售业绩非常差，他当时就火了，随即决定任命年仅21岁的程晨为经理。

在紧急会议上，史玉柱问程晨用多久能改善当前状况，程晨自信地说："一个星期。"

会上的人全笑了，笑程晨的天真和说大话。业绩如此差，还想在一周内改善？这根本是不可能的事！

程晨没想这么多，她坚信自己能找到问题的症结，情况一定能有所改观。

一个星期里她从各个方面寻找解决问题之道，就连卸货环节也不放过。一周后，销售业绩有了改观。两个月后，南京公司的业绩大幅增长，

三个月后，这个曾经业绩倒数的公司成为全集团销量第一的公司。

同样，对于销售人员来说，工作中也充满挑战，比如把全国各地的客户都收集一遍，并明确登记在册，在很多人看来，这是不可能完成的，事实上，如果我们敢于接受这样的高难度任务，主动迎难而上，这不仅是一件可以完成的工作，而且还是一次自我挑战和升华。

此外，在工作中，销售人员要培养自己的自觉意识，还要懂得主动帮助客户解决问题，越是能帮助客户解决问题，就越能让客户感受到我们的价值，有时候，成交的机会就藏在解决问题的背后。

一位客户因产品问题给某公司打电话，正好销售员小李接到了电话："对不起，你打错了，我们是销售部，这样的问题你找客服部吧。"

第二天，客户又打来电话，这次是销售员小孙接的电话。在听完客户的描述后，小孙做了详细记录，最后，他觉得自己完全可以为客户解决好这个问题，干脆给客户留下了自己的电话。

工作之余，小孙亲自跑到客户公司为其解决问题，最后顺利解决了故障。本来客户对这家公司有点失望，看到小孙的表现，客户的顾虑打消了。恰巧，客户决定拓展企业规模，他当即决定再从小孙所在的公司购买十套设备。就这样，小孙成了当月名副其实的销售冠军。

销售绝不单单是卖产品，更重要的是你要帮助客户解决问题。所以，不管是不是自己的分内事，如果我们觉得自己有能力帮助客户，我们就应该主动给予帮助，要知道，你帮客户解决问题，客户才会帮你达成业绩。

注意细节

著名建筑大师密斯·德娄，在被要求用一句话来描述自己成功的原因时，他有力地说："魔鬼藏于细节。"他不断强调，一个人如果对细节不在乎，对细节把握不到位，无论建筑方案如何大气恢宏，都不能称之为成功作品。事实上，不单单是建筑师，那些但凡取得伟大成就的人，他们都非常注重细节。

与讲求细节相对的是凡事讲求"差不多"。凡事讲求差不多有什么结果呢？胡适先生有一篇著名的文章《差不多先生传》，文中的"差不多"先生是一个处事马马虎虎、凡事不求认真、凡事都不求精确的人。这样的人，结局可想而知——肯定会错误百出，得不到同事的尊重，得不到上级的认可，终其一生，也只能平平庸庸，不会有大的作为。

细节决定成败。大成功都是由无数细节堆积而成的，要想确保良好的结果，我们必须要树立细节意识。同样，做销售工作也是如此。很多销售人员，在接到客户的求购信息时，往往会欣喜异常，尤其是约见客户时，更会激动无比。这样的心情我们完全可以理解，但是，很多销售人员往往只顾着欣喜却忽略了细节工作，当一笔大的业务失去时，再回过头来想想，最主要的失败原因恰恰是细节没有处理到位。这不是夸张之谈，因为细节没到位而导致失败的案例，在我们身边比比皆是。

有一个销售办公用品的销售员到 A 公司去销售文具，恰巧当时 A 公司也确实需要添置一些办公用品。经过半天的谈判和讨价还价，A 公司最终同意购买一些他的文具用品。最后，A 公司的负责人要求这个销售人员把最低的优惠价格以及联系方式写下来，以便到时和这个销售人员联系。结果意想不到的事情发生了，就在这个销售员掏出签字笔写字的时候，签字笔却怎么也写不出字来。

一名销售文具的销售员，自己用的笔竟然写不出字来，这不是很滑稽吗？在这种情况下，客户只能想一种结果——你推销的产品质量根本就不过关！尽管这位销售人员用的签字笔或许根本不是他要销售给客户的那一种，但客户想到的就是以防万一。于是，A 公司的负责人当即表示："你不用写了，你的产品我们决定不要了。"就这样，眼看就要达成的交易最后落空了。可这又怨得了谁？都是因为细节做得不到位、不充分惹的祸。

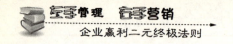
细节决定成败。销售人员，不要让细节打败了你。那么，销售中我们要注意哪些细节问题？又怎么做呢？

1. 着装细节

形象是打动客户的最直接的方式。日本著名的管理学家齐藤竹之助认为：人与人初次交往，90%的印象来自着装。对销售人员来说，恰当着装的重要性更为突出。

有一位非常成功的企业家，他常年要接触数不清的客户，在和一位客户洽谈完生意后，他有些吃惊地告诉自己的助理："我怎么也不能相信眼前这个脚蹬旅游鞋，身着牛仔裤，头发还不能保持整齐，说话结结巴巴的伙伴会向我要三百万元的投资，他的形象和个人素养怎么都不能令我信服他是一个懂得如何处理业务的管理者。"

可见，着装对一个形象的影响。

当然，做到恰当着装，还要注意一点，那就是掌握着装的"度"，要根据拜访对象，做到只比客户好一点点即可。

比如，你接触的客户是一位设计师，你当然要配以衬衫领带以展现你的专业形象；但如果你拜访的客户是一位工程负责人，他的工作地点就是工地，此时，你再穿得西装革履，就会给客户一种距离感，不要说你穿着好衣服跟着这位负责人满工地跑，你可能连和客户交谈坐的地方都难找。一位著名的形象专家说：最好的着装方案就是只比你的客户穿得好"一点"，这样既能体现出你对客户的尊重，又不会拉开双方的距离。

2. 接待细节

销售人员在接待客户时，掌握必要的接待礼仪，非常重要。

首先，掌握正确的握手方式和伸手次序。握手是我们与陌生人第一次身体接触，虽只有短短几秒，但会直接影响着别人对我们的喜欢程度。

与别人握手时，我们最好站在距离对方一米的地方。距离太远或者太近都是不雅观的。在握手顺序上，若男士和女士握手，女士先伸手；若是和长辈握手，长辈先伸手；如果是和上级握手，上级先伸手。

其次，记住客户的名字。在销售中，记住客户的名字非常重要。记住客户的名字，可以给客户一种被重视感；当再次见面时，如果你能准确喊出客户的名字，会迅速拉近你和客户之间的距离，使销售更加顺利。

最后，当我们接待的顾客人数很多时，要做到"接一、顾二、招呼三"即在接待第一个顾客的时候，同时询问第二个顾客的需求，顺便跟第三个顾客打招呼："对不起，麻烦您稍等一下。"

3. 拜访细节

在拜访客户时，守时是最大的拜访礼仪。销售人员在拜访客户时，最忌讳的就是迟到。让客户等你，一是对客户时间的一种浪费；二是向客户传递了一个概念，即你不尊重你的客户，这会给客户留下非常不好印象。优秀的销售人员必须记住：宁可我等客户，也不要让客户等我。

约定好拜访时间，绝对不做不速之客。拜访客户不像我们拜访亲朋好友一样可以随意。作为销售人员如果在没有预约的前提下就贸然去拜访客户，做一个不速之客，不仅会让客户反感，而且在客户毫无准备的情况下，你来拜访，很多时候也只是浪费时间而已。

4. 沟通细节

在和客户沟通时，要注意以下细节：

（1）千万不要用指导式的语言和客户沟通

没有一个人喜欢被指示，客户更是如此。所以销售人员千万不要动不动就用"你懂吗""你知道吗"来阐释自己的产品或服务，那是客户极其反感的。

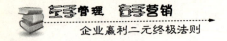
（2）永远不要比客户早放下电话

很多销售人员不等客户挂电话，自己啪一声就先挂断了，尤其在与较熟的客户进行电话交谈时，销售人员更容易这样做。其实，这样做并不好，永远比你的客户晚放下电话才会真正体现出你对客户的尊重。

总之，所谓销售技巧，无非是通过一些细节，来达到成功销售的目的。对细节的强调，再多都不为过。销售人员只有不断做好细节，才能赢得客户的心，才能避免因细节不足导致成交失败。

为人诚信、负责

《论语·里仁》里有："富与贵，是人之所欲也。不以其道得之，不处也。"其意思可用一句话来概括：君子爱财，取之有道。不能靠歪门邪道来谋利。在《管子·乘子》同样也有，"非诚贾不得食于贾"，意思是说不诚信的商人不能以商谋生。

古今的成功商人都告诉我们一条信律——诚信是金。诚信是企业的无形资产，它可为企业带来巨大的经济效益。在经营中，那些有战略头脑和战略眼光的企业家，无不都是在诚实守信原则上大下工夫。同样，对于销售人员来说，只有讲求诚信，才能让你的推销之路走得更远。

一个著名的企业家说："一名优秀的销售人员要具备3方面的素质：职业道德、心理准备和技巧。其中，最重要的就是要具备职业道德，而在职业道德中诚信意识又最重要。销售中一个非常重要的原则就是用诚信去打动客户。从长远意义来讲，诚信比销售技巧更重要。"

曾经听一个朋友讲过一个案例：

他所居住的小区，有一个小商店生意非常红火，小区的人都爱到他那里买东西。为什么呢？有一次，我的这位朋友也去那里购物，购物后他彻底明白了为什么。

那次，朋友需要买半斤虾皮，服务员的行为让朋友感觉很奇怪。这位服务员不是直接装袋称虾皮，而是先把装虾皮的袋子放在秤上称了一下，然后才开始装虾皮。

朋友觉得奇怪，就问这位服务员："为什么要这样做呢?"服务员笑着说："我把袋子的重量给你减掉呀。"朋友有点不以为然："反正袋子的重量也没有几克，这样做太麻烦了吧。"服务员笑着接着说："你不要小看这只袋子的重量，几克的分量差不多相当于一小把虾皮呢!"

虽然一个袋子没多少重量，但是服务员的举动却让人心里感觉暖暖的，朋友当即决定，以后买日用品就来这家小店了。

这就是诚信的力量。俗话说："一流的销售员卖理念，三流的销售员卖产品。"在这里理念既包括服务理念，更包括诚信理念，一种既能长久赢利又能保证顾客利益的理念。如果一名销售人员只顾眼前利益，只想着如何把产品卖给顾客，只想着做一锤子买卖，而不顾长远利益，那么，这位销售人员在一次买卖之后，就会永远失去顾客的信任，顾客不把产品退回就是好事，更别谈什么二次购买多次购买了。所以，对一名销售人员来说，诚信才是第一位的，只有把诚信放在首位，我们才能收到良好的成果。

诚信历来是做人的准则，也是营销的道德。在我们的日常销售工作中，诚信发挥着相当重要的作用。说直接一点，你向客户推销你的产品，实际上就是向客户推销你的诚信。

美国纽约销售联谊会曾做过一项统计：70%的人之所以从你那购买自己需要的产品，是因为他们信任你。因此，要确保交易成功，诚信不但是最好的策略，而且是唯一的策略。

有一个著名的咨询师讲到自己的一次经历，有一次，一家房地产公司找到他做咨询。因为这家房地产公司有一处楼盘位置不太好，在楼盘周围有几家工厂，所以销售情况一直不理想。

在经过一系列和销售人员的谈话后，这位咨询师找到了销售不佳的真正原因，他当即给公司支招："要想扭转销售情况，你们在跟顾客介绍楼盘时，就不要隐瞒事实，直接告诉客户楼盘的真实情况。"公司所有的人都迷惑了，之前销售人员在说楼盘如何如何好时，都没人购买，现在要直接告诉客户实情，这不是更砸自己的生意吗？咨询师说："诚信比任何一种销售技巧都重要。"公司上上下下半信半疑，不过他们决定试试。

在接下来的日子，当销售人员再次介绍楼盘时，都对顾客如是说："楼盘的周围有几家工厂，用作住宅，大家可能会嫌吵，所以，这里房子的价格相对比较便宜。"但不管销售人员把这楼盘说得如何令人不满，当顾客来到现场时，才发现那个楼盘其实并没有销售人员说的那么糟糕，甚至有的顾客还说销售人员说得太夸张了。就这样，来这里看楼房的顾客，基本上都觉得实际情况要比销售人员描述的要好得多，于是他们都心甘情愿地购买楼房。结果，不到一个月，这里的楼房就被销售一空。这家公司对这位咨询师别提有多感激了。后来，这位咨询师自己总结说："这哪里全是我的功劳，这更应该是诚信的功劳。"

美国营销专家赫克金有一句名言："要当一名好的销售人员，首先要做一个好人。"如何先做好一个人，进而成为一名好的销售人员？赫克金强调了一个很重要的法则——诚信法则。美国的一项关于销售人员的调查表明，优秀销售人员的业绩是普通销售人员业绩的 300 倍，其真正的原因与年龄无关，与长相无关，与性格也无直接关系，而真正有关系的是这个人的诚信度。所以，一名优秀的销售人员一定要做到诚信。

那么，具体该怎样做到诚信呢？

要诚信，销售人员就一定不能够欺骗顾客，也就是说不能夸大事实，不能把自己的产品或者服务吹牛吹得没有分寸，歪曲了事实。明明自己的产品或者服务没有这个功能，还睁眼说瞎话，说自己的产品"包治百病"，这就是不诚信。你不诚信，客户就不会信任你。《伊索寓言》中有句话：

"说谎了，即使你说真话，人们也不会相信！"所以千万不要欺骗客户，这是持久销售最重要的。

要做到诚信，还有一点要注意，那就是不要轻易对客户许诺。如果你仅仅是为了争取订单就给顾客开空头支票，比如，你的产品明明在三周后才能送到，你却说两周，一旦超过两周你的产品不能送到，而你又不能给出顾客合理的解释时，顾客就会失去对你的信任。所以，最好的办法就是实话实说。

总之，要使客户接受你，做个诚实守信的人才是成功根本。尤其是在信息传播日益迅速的今天，销售人员的小聪明是很容易被识破的，即便偶尔会成功，这种成功也是短暂的。要想长久赢得客户，诚信才是最有效、最高明、最实际也是最长久的方法。

善于分析、判断与应变

分析判断能力是指人们对事物进行剖析、分辨、单独进行观察和研究的能力。分析判断能力强的人，一般能形成自己独到的成就和见解。我们在工作中，经常会听到"某某的悟性很高"，悟性高其实就是说这个人的分析判断能力高，能通过分析表现，判断出事情的本质。

任何一个具有一定市场销售实战经验的人，都知道分析判断的重要性。优秀的销售人员能够洞察机会，分析问题，从而快速作出判断，抓住机会，为销量"锦上添花"；或是通过对问题的分析，把问题变成提升销量的机会。

客户："我的身体很健康，根本不需要买保险！"

销售人员："听您这么说真应该恭喜啊！不知道您对玩纸牌感不感兴趣？"

客户："以前玩过，现在不玩了！"

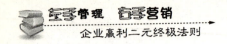
销售人员：“其实，我们每个人每天都在赌博！（客户愣了一下）我们和命运之神赌，赌平安、赌健康，如果我们赌赢了，那是我们无上的幸运；要是赌输了，将会把日后家庭的费用开支掉。您觉得这种做法对吗？（客户摇了摇头）既然您觉得赌博不对，可是现在为了省下一点点保险费，您却要拿您的健康作赌本，赌您家庭的幸福！”

客户：“我们真的有足够的存款，不需要买保险。”

销售人员：“储蓄是种美德，您这么做足可见您是个很顾家的人。但是，我冒昧地问一句，以您现在的存款能否支付家里五年甚至十年以上的费用呢？哦，对了！我刚在外面看见您的车子，真酷！好像是新买的吧！不知道您有没有买安全保险呢？”

客户：“当然有！”

销售人员：“为什么呢？”

客户：“我怕万一车被撞了，保险公司可以赔付。”

销售人员：“您怕车被撞，就为车子买了安全险，车子再怎么说也只是个工具，只是您资产的一部分，您为车子买了保险，却忽略了创造资产的伟大生产者——您自己，为什么不趁现在为家庭购买‘备胎’呢？”

客户：“你说得的确很有道理，依我现在的情况，你觉得我购买哪种保险最适合呢？”

销售人员：“应该是这种最适合您……”

……

客户：“好的，就购买这种吧。”

在这个案例中，客户起初并没有强烈的购买欲望，但经过销售人员一点点由浅入深地分析后，客户决定购买。并且，我们可以看出这个销售人员的分析是完全站在客户角度的，首先，从客户本人健康入手，他把健康和赌博联系起来，为客户阐释清楚保险的重要性；其次，销售人员从为客户家庭着想的角度出发，把保险比喻成家庭经济的“备胎”，进一步形象地分析出保险对于客户来说是当务之急。正是因为这一系列精彩且实在的分析才彻底打动了客户，使客户产生了非买不可的迫切心理，这笔交易就顺理成章地成功了。

可见，善于分析是销售人员成交的关键。一位哲人曾经劝告人们："必须提倡思索，学会分析事物的方法，养成分析的习惯。"学会分析，我们才能对事物看得更清、把握得更牢，才能做出更准确的判断。

那么，销售人员应该怎样锻炼自己的分析能力呢？主要有两个途径。

1. 要有怀疑的精神

古人云："学贵多疑。"疑问是分析的开始。在工作中，我们不能仅仅满足于现成的结论，而应该多提出问题，经常思考一下现象背后的原因，思考可以得出什么结论之类的问题，只要具备打破砂锅问到底的精神，才能不断促使自己不断思考，不断展开更深入的分析。

2. 对所有的案例进行分析

销售中有成功案例，也有失败案例，要具备良好的分析能力，销售人员就必须要学会对身边的案例进行分析。当别人拜访或者销售成功时，我们不妨分析其成功的原因；当别人销售失败时，不要觉得事情和自己彻底没关系，分析出别人失败的原因，就可以更好地避免自己在以后的工作中出现类似错误。

当然，要做好分析，离不开细致的观察。分析与观察密不可分，观察是为了得到信息，分析是根据信息得出结论。在与客户谈判时，销售人员一定要注意多观察客户的言谈举止，从其言谈举止中流露出的信息，分析出客户的需求和爱好，尽量予以满足，从而促进销售的达成。

学会了分析，我们才能做出正确判断，有了分析、判断，我们才能确保自己采取正确的应变措施。

销售既是对销售人员分析判断能力的考验，又是对其随机应变能力的考验，只有做到随机应变，我们才能抓住客户需求的拐点，才能增加达成销售的机会。

销售实际上是一场与客户的博弈。要博弈成功，我们就必须要懂得变通，不懂得变通，做不到随机应变，我们就会处于被动地位。销售离不开谈判，为避免自己陷入进退两难的境地，为在对峙中作出明智决策，我们必须要懂得应变的学问，做到"因利制权"。要知道，世上唯一不变的就是变，以变制变才有出路。

乐于学习、求知

有一个著名的理论叫 LCD 理论，意思是说学习（Learning）如果小于变化（Change）就等于死亡（Die）。这个理论提醒我们，一个人要更好地生存，要能跟得上时代的变化，就必须要不断学习。

孔子说过："好学近乎智。"意思是说，方法作为智慧的产物，离不开知识这一基础，知识来源于哪里？学习则是获得知识的有效途径。

杰克·韦尔奇说："当今企业放弃了学习，就等于放弃了成功。"当今世界，无论是个人、企业或是国家，面对激烈的竞争，都在学习中赶超对方，使自己立于不败之地。

《论语》里有："盖有不知而作之者，我无是也。多闻，择其善者而从之，多见而识之，知之次也。"意思是说一些人自己很无知，一切不懂，却冒充内行去做事，我们不应该做这样。我们应该多听、多学，用学问来弥补自己的无知。

先贤圣人们早就认识到：不断学习，才能弥补自己的无知。事实确实如此，"学习"是一个人进步的最有力武器，一个懂得不断学习的人，即便开始他没有多么出色的底子，但当他们把学习变成一种习惯时，他们便有了最有利的武器，便有了立足之地。"感动中国人物"的许振超就是一个很好的例子。

许振超，原青岛港桥吊队队长，从一名普通的码头工人到一名"桥吊专家"，从一名只上过一年多的"初中生"到成为码头上人人知晓的"许大拿"，他的脱颖而出，没有什么秘诀，最有力的武器就是学习。

在20世纪70年代，别人上班包里只拎个饭盒，在他的包里却多一本书；别人周末去逛街，而许振超却一门心思地把心放在图纸上。许多人都取笑他，说他是"老搬"不会有大作为，可许振超始终坚信知识可以改变命运！他说："一个人可以没文凭，但不可以没知识；可以不进大学殿堂，但不可以不学习。"

正是凭借着这样的决心，许振超开始了自己不断学习的"行程"。当然，对于这个只有初中文化的工人来说，学习的难度可想而知，但许振超不抱怨。他利用时间，把队里的技术书都看了个遍，觉得还不够，他就到处借书看。但光借书不是个办法，许振超干脆省吃俭用，把剩下的生活费都用来买书看。新书买不起，就买旧书，有一次，为了买到一本书，他下了夜班，骑自行车跑了40多里路，才到了一个旧书摊。回到家，他顾不上休息，先过足读书瘾。不仅如此，为了掌握更先进的技术，许振超更是憋足了一股学习劲儿。

有一次，一台桥吊出了故障，因为国内修不了，就请国外的工程师来修。外方要求的维修费高得离谱，但没办法，自己修不了，只能任凭外方要价。这件事深深触动了许振超，他决心向外方的专家请教点"真经"，人家却耸耸肩，不屑一顾。许振超明白是外国人根本瞧不起自己，他不服，下决心一定要学出点真本事，让外国人看看。

为了攻下这门技术，许振超每天着魔似的学习、钻研。每天下了班，他就一头扎进自己的小屋里反复揣摩。他一笔一笔绘制草图，一步一步刻苦钻研，就这样，一晚上，要连续干几个小时。有时眼睛累得实在看不清了，他就到冰箱里取出事先准备好的毛巾，捂一会儿接着学、接着研究。那段时间，就连在为生病的老岳父陪床时，许振超也都一直把书和需要研究的模板揣在怀里。晚上，等老人睡了，他就跑到病房的走廊里，站在灯下继续研究。

就这样，他用了整整4年的时间，终于把桥吊的相关高难度技术学到了手，并且他还为企业制作了桥吊技术手册，为企业节省了大笔维修费用。

尽管如此，许振超对自己的技术水平仍不满足，除了掌握现有的技能外，他又买了清华大学等高校的教材不断进行学习，有时一学就是大半夜。他说现在技术变化太快，自己不学就会被时代淘汰。正是凭借着不断学习的精神和劲头，许振超练就了一身绝活，成了真正的能工巧匠。

鲁迅先生说："哪里有天才，我是把别人喝咖啡的工夫都用在了工作上了。"许振超就是如此，他是把别人玩的时间都用在了学习上。

《论语》中有"三人行，必有我师焉。择其善者而从之，其不善者而改之"，又有"见贤思齐焉，见不贤而内自省焉"。这些都是孔子教导自己的弟子虚心向学的言语。学习，是提高自身能力的必要途径，我们只有不断学习，才能在这个竞争激烈的社会中立于不败之地。

同样，对于销售人员而言，学习更是其销售的基础。如果一个销售人员不懂得学习，他就不能做到熟知产品方面的知识、销售方面的知识、礼仪方面的知识、思维方面的知识等，就无法提高自己的销售能力，创出良好的销售业绩。

主动学习、让自己不断升值是每一名员工的职责。当然，要想学习的效果有效，掌握好的学习方法必不可少。下面就为大家介绍几种学习方法，以供大家参考。

1."干中学""学中干"

"干中学"，即在实践中学；"学中干"就是将书本中知识与实践和业务紧密结合起来。"干中学""学中干"强调工作学习化，学习工作化。我们一直强调理论联系实际，"干中学""学中干"强调的就是打破学习与工作的严格界限，将二者有机结合为一体，从而最大限度地扩大学习成果。

据调查发现，一个人一生中超过90%的学习是在工作中实现的。"干中学""学中干"，对于我们每个人而言，都是一种操作最简便、成效最显著的学习方法。

2. 向身边优秀的人学习

微软公司董事长比尔·盖茨说："微软公司的学习理念是：70%的学习在工作中获得，20%的学习从经理、同事那里获得，10%的学习从专业培训中获得。"

子曰："三人行必有我师。"每个人都有值得我们学习的地方。我们要想提高自己的能力，就必须学会随时随地向他人学习，尤其是向那些比自己优秀的人学习，借鉴他们科学的工作方法，吸取他们成功和失败的经验、教训，来不断完善自己，让自己变得更优秀。

具有创意

有人说创意是销售奇迹的法宝。作为一名销售人员，如何把自己的产品卖出去，这是一种技能也是一种学问。我们只有掌握了销售的关键，掌握一定的销售方法，才能在销售中创造出不错的业绩。但是，要成为一名业务高手，除了具备传统的体力、精神、专注投入之外，还有很重要的一点，那就是——要有创意。

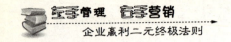

为什么销售人员需要创意？

销售人员是企业和客户联系的关键纽带，企业的服务和产品，能否最大限度地吸引顾客，有赖于销售人员的良好服务和创意。不错的创意能使我们在遇到不同客户时，独树一帜，从而吸引顾客的注意，让客户接受我们，让客户认同企业。

当然，销售人员所需要具备的创意，并不简单地等同于电视广告和报纸广告，它是为了达到一定的销售目的，运用各种技能——包括广告、文案、活动、行为等来带动和刺激市场，从而激发起消费者的购买欲望，使消费者乐意购买。

创意从来都是销售的主旋律。有创意，可能会是另一番天地。一个销售人员只有展现出自己的创意，才能让客户为之埋单；同样，一个企业只有不断创新，才能取得永续进步、长足的发展。

很多人说销售是件"体力活"，只要有足够的付出精神，锲而不舍就能"跑"出业绩，其实销售更是件"脑力活"。要知道，懂得用智慧抓住消费者的心，这才是推销产品和推销自己的上上策。不论我们身处哪个时代哪个行业，创意才是王道。

创意创造价值，市场赢在创意。在我们身边，赢在创意的例子比比皆是，永生活力保健品就是一个例子。

为了打造差异化的产品外包，区隔市场，永生活力保健品公司在包装上做足了工夫。经过公司不断地努力，鸡蛋形外表、纯金属质感、科技感十足的富有"生命最初形态"的永生"活力弹"诞生了，其内装90粒胶囊。从外观设计来看，它打破了传统包装的局限，和人体穴位交相辉映，别致而实用，一经上市就引起了强烈的市场反响。冲着它的包装购买其产品的消费者不计其数，这使得永生活力的保健品在消费者中叫好叫座，因此永生活力在业内也获得了更多话语权。

一个小小的包装上的充满创意的改变，就能产生如此大的市场影响力，这让我们不得不为创意的力量折服。同样，在销售中，如果我们具备了创意的力量，我们也能变得无往不前。我们都知道，万事开头难。同样，销售人员与客户的第一次谈话也是比较困难的，此时，如果销售人员能以充满创意的开场白来打开局面，那么，对于我们接下来的谈判是非常有利的。

刘红是某公司的销售代表，得知税务局准备采购一批服务器，他准备抓住这次销售机会。

负责此项目的是税务局的张局长。张局长平时正直敬业，与人打交道总是很严肃。如何打开第一次谈话的局面，刘红一直在思考一个有创意的开场白。

这天，刘红走进了税务局宽敞明亮的大堂，他突然有了灵感。

"张局长，您好，我是××公司的小刘。"

"小刘你好。"

"张局长，我这是第一次进税务局，进入大堂的时候感到自豪极了。"

"感到很自豪？为什么？"

"因为我每个月起码能缴5000元的个人所得税，这些年加起来一共差不多有十来万元了。今天一进税务局大门，就马上有了一种自豪感。"

"不错，这么多。你们的收入一定很高，一般来说，你每个月能缴多少呢？"

"这个需要根据销售业绩来定，如果业绩不错，我差不多能缴六七千元的个人所得税吧。"

"的确不错，要是每个人都像你们这样缴税，我们的税收任务完成起来也就相对简单了。"

"的确，特别是国家把这些钱用在教育、基础建设和国防建设上，这无论是对国家还是人民来说都大有益处。"

"是的，但个人所得税是归地税局管，我们国税局不管个人所得税。"

"是这样啊，我对税务知识不了解。我这次来的主要目的就是想进一步了解一下税务信息系统的相关状况，听说您最近正在负责一个服务器采购项目，我尤其想了解一下这方面的情况。我们公司是全球著名的个人电脑供应商，已为大量客户带来了全新体验，我们也希望能与贵局建立长期的合作关系。您看，我能否先了解一下您的需求呢？"

"没问题。"

和其他销售人员不一样，刘红不是一上来就向客户介绍自己的产品，而是利用了一个有创意的开场白，先和客户建立起了良好的谈话氛围。在刘红说完"进入大堂的时候感到自豪极了"这句话时，双方的距离一下子就拉近了很多。尤其是刘红的这句话引起了客户的好奇心，使客户急于知道他之所以自豪的原因，这样就方便了刘红把话题过渡到个人所得税，最后非常自然地切入主题——服务器采购项目。在这个过程中，客户已对刘红慢慢地建立了一定的信任感，所以双方接下来的谈话进行得就比较顺利了。因此，一个充满创意的开场白，对销售员来说无疑是销售成功的敲门砖。

当然，我们知道，销售人员要创造出好的业绩，除了要有充满创意的开场白，还要掌握其他一些有创意的销售技巧，比如有创意的谈判、有创意的促销活动等。要有好的创意，并不是无章可循，只要我们遵循正确的途径，创意的潜能就会慢慢发挥出来。

首先，正确地对待问题，把问题当成是用来刺激你创意潜能的工具。在解决问题时，多思考一些方法，使你的新方法不断地涌现出来。

其次，在销售中，不断问自己这样几个问题：顾客为什么愿意向我们购买？我们能够用哪些特殊的形式来吸引顾客的眼球？

最后，学会运用多种思维方式思考问题，比如逆向思维、发散思维、对比思维等，确保自己思维的灵活性，真正打破思维定势。

有创意才能有销路。那些几十年一副"老面孔"、毫无创意的产品或服务再也引不起消费者的兴趣，更难以拓展市场。销售人员只有不断有意识地培养自己的创新力，拿出充满创意的点子，才能让消费者"一见钟情"，才能确保自己的产品能不断拓展出新的市场空间，并在竞争中一枝独秀，畅销不衰。

韧性——对工作投入

具备韧性是销售人员取得业绩的必要条件。我们都知道，销售本身是一项充满压力的工作，在销售过程中，工作人员要面对客户的冷淡，要面对顾客的拒绝，要面对来自公司的业绩压力……此时，如果一个销售人员缺乏自信，缺乏高昂的斗志，缺乏坚强的意志和非凡的耐心，那么，他很可能就此陷入业绩低谷。相反，如果一个销售人员拥有坚韧不拔的劲头，当面对各种困难时，也能斗志昂扬，那么，他就能拨开乌云见明月，最终取得不错的业绩。

世界上最伟大的推销员乔·吉拉德曾经说过："成功的人很多时候是被逼出来的。我想大多数人都会承认，他们之所以成功，是因为他们的坚韧不拔，这种韧劲让他们不断追求成功，事实上，坚韧不拔就是成功的最可靠保证。"

日本著名的推销界人士高木在其销售著作中说："切勿做一个只在山脚下转来转去的毫无登山意志的人。必须尽自己的体力，攀登上去。有此宏愿，即使技术不够，也还是可以最终登上山顶的。"我们都知道，销售工作的一半是用脚跑出来的，如果缺乏对工作的韧性，就不会有对工作持续的投入，更不会像高木说的那样去尽自己的体力，登上山顶。

特别是销售是一项常常遭遇客户拒绝的工作，尤其是对一些上门进行推销的销售人员来说，吃"闭门羹"更是一件常事，如果销售人员没有一股韧劲，不具备被拒绝百次也要努力的意志，那么，他就不会取得斐然的

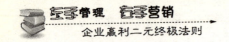

销售成绩。

亚洲销售女神徐鹤宁曾是一家知名培训机构的销售冠军，她曾单场演讲成交了 104 批顾客，打破亚洲销售纪录。在这辉煌的成绩背后，是她面对无数次被拒绝甚至被辱骂的坎坷和挫折。

有一次，徐鹤宁在一栋商业大厦内做陌生客户拜访，当她走入一家公司时，这家公司的老总正在大声训斥自己的员工。当看到来自己公司内推销的徐鹤宁，这位老总顿时把气都撒在徐鹤宁身上，当即对她破口大骂，还指着她让她马上滚出去。

突然遭到这样的辱骂，换成是一般人，或许当场就和这位老总吵起来了，就算不当场争吵，或许也早就掉头走了。可是徐鹤宁没有那样做，她依然面带微笑，说："老板，我这就滚出去，您接着教训，过一会儿等您训斥完了，我再滚回来。"

说完，她便轻轻地关门出去，继续去别的公司做陌生客户拜访。大约两个小时之后，徐鹤宁真的又回到了那家公司。她微笑着说："老板，您看，您现在也训斥完了，我又'滚'回来了。"

这位老总吃惊极了，这么年轻的小女孩，对工作却有着这么强烈的执着劲，即便是面对别人的羞辱，却依然不放弃。徐鹤宁这份对工作的韧劲和对客户的大度与真诚，让这位老总感动极了，他当场决定今后不论徐鹤宁是来推销什么产品，他都会买一件。更可喜的是，不仅这位老总自己成为了徐鹤宁的忠实客户，他还介绍了不少新客户给徐鹤宁。

遭受了客户的辱骂和拒绝，却依然能坚持着做下去，这是徐鹤宁坚韧的体现，更是其成事的关键。

销售工作绝不是一帆风顺的，会遇到各种各样的困难，面对困难，我们只有具备解决困难的耐心，具备百折不挠的精神，才能把"不可能的难事"变成"可能的事"。事实上，在这个世界上，最伟大的销售人员往往都是遭受挫折和拒绝次数最多的人，但他们知道失败是成功之母，所以，能在挫折前始终保持着韧劲。

一个成绩斐然的销售人员曾说过，他在每次签合同前都会做着被拒绝一次、两次、三次甚至十次的准备。他不怕遭到对方的拒绝，因为那样反而能使自己有进一步争取成交的更大动力。

毋庸置疑，在遭受拒绝时，依然能保持毫不退缩的劲头应当是所有销售人员取得成功的必备素质。当我们在说出"不"之前，咬紧牙关，告诉自己再挺一步，那么，我们就真的能收获意想不到的成绩。

销售从来都不是一帆风顺的，就算是资历再深的销售人员或是业绩一直保持较高水准的销售人员，也会发生连续在两三个月内业绩持续滑落的情况，这即为一般销售人员闻之色变的"推销低潮"，当遭遇销售低潮时，我们应该怎么办？

最重要的是要保持韧不拔的韧性，因为任何的困难和挫折都是暂时的，如果再乐观一点，我们不妨换个角度思考问题，把困难和挫折当成是历练我们成长的良药，这样我们就能从绝望中看到希望，就能让自己变得更加坚强。

团队精神良好

现代营销是兵团作战、团队营销，那种个人英雄主义早就过时了，如果在这个讲求团队合作的年代，一个销售人员还抱着个人英雄主义不放手，那么，总有一天，他会被现代营销时代甩在脑后。优秀的销售人员应该记住个人英雄只不过是一滴水，一不留神就会蒸发掉，只有置身于团队这个"大海洋"中，才能得以存在和发展。

在《西游记》中，师徒四人组成一个团队，在这个团队中，每个人都慢慢学会了在团队中的生存规则，互相取长补短，最后凭借强大的团队实力，历尽千辛万苦后终于取得了真经。试想，如果他们师徒四人不懂得团

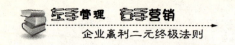

队合作，没有良好的团队精神，遇上妖怪，互不支持、互不合作，那肯定完成不了取经任务。可见，团队精神的重要性。

具体到销售人员而言，团队精神就显得尤其重要。任何一个销售人员要在前线做出更优秀的成绩，都离不开其他部门的支持。比如说，离不开产品研发部研发具有竞争力的产品；离不开物流部快速的运输产品；离不开客服部更好地服务客户；等等。也就是说，任何销售工作都不是独立存在的一个环节，离开了其他部门或者人员的支持，销售就真的只能变成是简单意义上的"卖东西"了，不能为顾客提供良好服务的单纯的"卖东西"环节，怎能给企业带来源源不断地持久的利润？

所以，最优秀的销售人员要善于整合各方面的资源为己所用，真正做到与大家精诚合作，做到以团队的力量去更好实现个人价值，以团队的力量为企业创造最大价值。

那么，要具备良好的团队精神，销售人员应该怎么做呢？

1. 培养全局意识和大局观念

培养团队精神，并不反对张扬个性，但个性必须与团队的行动一致，也就是说一个人必须要有全局观念和大局观，要考虑团队的需要。

在工作中，很多销售人员眼里只有自己的利益，没有他人的利益，更没有团队的利益。当个人利益与团队利益发生冲突时，他们眼里看到的永远只有自己。比如，管理者号召大家要建设一个优秀的部门，其他员工都为这样的目标尽心尽力，但总有个别的人在团队建设中，为了自己的利益，找这样那样的借口，要么不参加集体活动，要么不给团队一定的支持，这样的人，在团队中肯定不会受欢迎，别人也不愿意和他们合作。如此一来，优秀的集体不但难以形成，这个人也很难从中受益。

最聪明的销售人员应该永远服从于团队利益，尽全力为团队利益作出贡献，只有这样才能不断感动别人，不断被别人所接受。

2. 要懂得帮助自己的同事

一个懂得不断帮助别人的人，最能受到别人的喜欢和欢迎。盲人打灯笼的故事，相信很多人都听过：

有位盲人在夜晚走路时，手里总是提着一个很亮灯笼，别人看了都非常好奇，就问他自己看不见，为什么总是提个灯笼？盲人说："道理很简单，我提灯笼不是为自己照明，而是想让别人更容易看到我，这样别人就不会误撞到我，照亮别人就等于帮了自己。"

所以，我们也应该明白，对别人最好的时候，就是对自己最好的时候。

3. 要有一颗宽容的心

荀子认为："君子贤而能容霸，智而能容愚，博而能容浅，粹而能容杂。"这是荀子在启示我们宽容的重要性。

优秀的销售人员不但能褒扬、学习和总结别人的长处，更重要的是，要能够包容并适应不同的环境，容纳别人的不足，同时，还要能听得进同事们的建议和意见，容得下不同的意见。

4. 要有勇于承担责任的精神和谦虚谨慎的作风

在团队中，最令人不服的一种人就是擅长夸夸其谈、不干实事的人，这类人不但经常觉得自己了不起，最令人气愤的是他们不干实事，却喜欢"见功就抢，见责任就躲"。所以，要打造团队精神，勇于承担责任的精神和谦虚谨慎的作风必不可少。懂得承担责任和谦虚是一个人在团队中做人做事的基础。勇于承担责任的人让人感觉可信赖可依靠，而谦虚尤其是懂得分享功劳的人总会让人感觉很温暖。

5. 平等友善，乐于沟通

在工作中，要建立友谊，促进合作，离不开沟通。工作中，人与人之间的矛盾和问题，有一大部分是因为沟通不畅引起的。一个善于与别人沟通的团队成员，可以更好地让别人理解自己的真正意思，同时也能确保自己做到设身处地地为别人着想，从而得到他人的充分信任，让整个团队充满和谐的气氛。可以说，良好的沟通是团队合作的关键，没有沟通就没有团队精神。

要做到沟通良好，一方面，团队成员要肯于公开并且诚实地表达出自己的想法；另一方面，要学会换位思考，尽量多了解和接受别人的想法，这样，才能保证人与人之间的关系更和谐。

当然，要培养团队精神，并不等于无原则地搞一团和气。原则、情感和共同目标，是维系一个团队关系融洽的纽带，缺一不可。真正的团队精神，是在讲求原则的基础上产生的，放弃了原则，不断地迁就别人，虽能满足个别人的利益需要，但时间一长，你这种毫无原则的迁就，只能让其他人更加反感，因为在别人看来，你就像是墙头草，哪边需要向哪边倒下，这样的人也是相当不受欢迎的。

求胜欲望强烈

什么是求胜欲？简单来说，求胜欲就是想赢的欲望。我们一般在说一个人求胜欲太强的时候，通常是指这个人"太有竞争意识"，并且想在每一次竞争中都能胜出。有人说，一个人如果求胜欲太强，那么他就会过于追求竞争，甚至会为了一些并不重要的目标挤破脑袋。不得不承认，求胜欲太强有一定的负面影响，但一个人若没有求胜欲，那对其更不利。

我们知道，欲望是一个人行动的助推器，它是支持人不断积极进取的动力。而强烈的求胜欲望能够把人的巨大潜能挖掘出来，能够让人争取一切可能成功的机会。对于一个公司来说，保持这强烈的求胜欲，能激发全体员工为工作和事业的成功而竭尽全力、全力以赴。

在国内，华为公司始终保持着一种"狼性文化"，华为人说，狼有三个主要的特性：第一，嗅觉非常灵敏，只要一嗅到血腥味，它们就会毫不犹豫地猛扑上去，华为人把这个阐释为"商机"；第二，狼习惯于极冷的气候，不管有多冷，它们都能行动起来，华为把这个理解为"不管市场有多么险恶，他们都不会畏缩"；第三，狼常常是成群结队行动，这表明了狼拥有良好的团队精神，华为把这个理解为"只要团结起来，就能战无不胜"。正是在这种"狼性文化"的熏陶下，华为形成了只要有胜利的希望，就绝不轻言放弃的公司理念。

在华为公司的产品刚进入美国市场时，就遭遇了世界级大公司——思科公司的挑战。2003 年，思科公司对华为发起了一场咄咄逼人的知识产权诉讼。面对严峻的形势，华为凭着狼性哲学，全公司上下凝聚成一股绳，凭借着不屈不挠的斗志，使得企业最终走出了"冬天"，在商界真正闯出了一片属于自己的天空。我们且不说华为最终走出了"冬天"，在国内的企业里面，能与思科公司"抗衡"的企业本来就不太多，而华为就成为其中之一。

"只要有胜利的希望，就绝不轻言放弃"是华为的理念，也是其企业成功的关键，这种观念正是华为强烈求胜欲的真实写照。

同样，对于一个人而言，当他保持着强烈的求胜欲时，他的情绪就会高涨，相应地，他的意志就越坚定，做事也就更有激情。

在中国历来就有"狭路相逢勇者胜"的古训，勇者之所以胜，是因为他们有一种"必胜"的信念。正如温家宝总理所说，信心比黄金更重要。当一个人具备了"必胜"的信念，他才能充分发挥自己的主观能动性，积极地调动一切可用因素，创造性地开展工作，并想方设法解决困难，最终

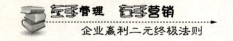

获得成功。

对销售人员来说，有强烈的求胜欲才会有足够的冲劲。冲劲是销售人员难能可贵的气质。所谓冲劲，简单地说就是销售人员在开发客户或销售产品时，表现出的争强好胜的干劲。有人说如果把执行力和韧劲归结为成功销售的敲门砖，那么冲劲就是销售人员打开销售之门的金钥匙！

通常来说，在一个团队中，存在着两种性格截然不同的人：一种是力求稳定型的人，他们在工作中按部就班，业绩通常也平平；另一种人就是开拓型员工，这类员工具有强烈的上进心，工作充满激情，其业绩也非常突出，并且他们还会把自己的干劲传染给其他人，这类员工是企业最喜欢的员工。

每个人都喜欢成为企业最喜欢的员工，每个销售人员都希望自己成为业绩突出的销售高手，要实现这个目的，销售人员就要有意识地培养自己的求胜欲，让自己变得冲劲十足。

从经验来看，一般具有冲劲的销售人员，往往具有很强的自信心。因此，销售人员要培养自己的冲劲，首先应该从培养自信开始。具体说来：在战略上做到藐视对方——要对自己的产品充满信心，并充分了解竞争方的产品，找准自己的产品优势，这样，在面对客户时，我们的胆怯就会不攻自破；在业务"装备"上强化自信——大方得体的穿着，不但可以增强我们的自信心，还可以给客户留下良好的第一印象，从而增加客户开发的成功率。

其次，树立明确的目标。明确的目标很能激发一个人的求胜心，让一个人时刻保持一种向上的冲劲。

有人说，执行力、沟通力、韧劲和求胜心是造就营销高手核心竞争力的四种素质，当一个销售人员具备了以上四种素质时，他必将能实现从一般销售人员到卓越销售精英的蜕变。

第十一章 关系制胜

——杠杆营销终极法则

在关系中间找关系

做销售需要的就是一张关系网，建立不起关系网，我们就无法快速找到自己的客户。但是，关系网建立起来了，并不等于能发挥出应用的作用，要使关系网真正发挥作用，就必须对其进行有效的规划。也就是说决定我们销售成败胜负的不是简单织起一张网，而是如何织好这张网了。

怎么样才算是把网织好？比如很多人整天忙忙碌碌，忙着认识各种各样的人，可结果他们却整天为应付自己找来的这些关系而叫苦连天。有时候，网织得太大，难免漏洞百出，再加上这些网缠绕在一起，难免又有许多死结，结果使用起来不但累人，而且没有实绩。

如何让这些关系网使用起来更有效？这就要求我们学会不断梳理自己的人脉，把重要的人脉关系归为一类，把不重要的人脉关系归为一类，从而确保自己能在关系网中找出重要的关系人。这样既可以保证自己不为复杂的人际关系所累，又能于关系中找出精华关系，让精华关系为己所用，建立起自己的智囊团，为自己的销售之路打下坚实的基础。

那么，我们如何才能做好在关系中间找关系呢？重点有三个步骤：筛选优化、分析排队、分门别类。

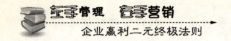
第一步：筛选优化

什么是筛选？说得简单一点就是选择与放弃的过程。随着新人或者组织不断加入我们的关系网，我们的关系网会越变越庞大，有时甚至难以掌握，这个时候，我们必须要考虑哪些关系是必须要留下的，哪些关系是可以放弃的，那些可以放弃的，我们就快速放弃。

当然，要做到"舍弃"一些东西并不是一件容易事，虽然有遗憾，但只有舍弃一些不重要的，我们才能把空间留给更重要的、更好的。

国际知名演说家菲立普女士曾经说过一段饱含深刻意义的话语，她说："对我个人而言，我整理出来的衣服总共分成三堆：一堆是送给别人的；一堆是能回收的；剩下的一小堆才是留给自己的。有很多我喜欢的衣物都在送给别人的那一堆衣物里，我央求我的形象顾问让她为我将其留下。但她摇摇头说：'不行，这些衣服或许是你最喜爱的衣物，但它们却并不适合你现在的形象和身份。'是的，我必须学会舍弃那些已不再适合我的衣物，而'清衣柜'也渐渐地成为我生活与工作的重要指导原则。不论是客户、朋友还是衣物，我们必须估量、再估量，懂得割舍，以便腾出更多空间给新的人或新的物。"

衣柜满了，我们需要不断地清理与调整，这样才能腾出新的空间装新的衣服。同样，我们的人际关系网也需要不断清理，不断舍弃没用的关系，留下最适合自己的、自己最感兴趣的、对自己最有帮助的关系。

第二步：分析排队

我们可以用一个小本子，把与自己的销售业务有直接关系和间接关系的人记录在一个本子上，把那些没有什么关系的人记录在另一个本子上，这就像是打扑克要"理牌"一样，我们只有理顺了所有牌，明白了自己手里有几张主牌，有几张副牌，明白哪些牌是最有力量的，哪些牌可以用来保底夺分，哪些牌只是用来应付场面，才能真正做到将精华为自己所用。

只有理顺了"人际底牌"，我们才会真正明白，哪些关系是需要我们重点维系和保护的，哪些人脉只需要我们花费一般精力来保持一般联系和关照，哪些关系是根本不需要我们再理会的，我们才能做出最适合自己的交际策略，最合理化地安排自己的时间和精力。

第三步：分门别类

销售是与人打交道的过程，打交道就难免会碰上难题。碰上难题，我们就需要求助于人，有时候事情会涉及多个方面，我们需要来自多个方面的支援，所以，在对人际关系进行分门别类整理时，第一步就是要知道不同人际关系的作用。

比如，有的人际关系可以帮助你收集到有用的市场信息；有的人际关系可以给你提出好的建议，为你出谋划策；有的人际关系可以帮助你办理某种手续；有的人际关系可以帮助你疏通更多关系，等等。虽然每种人际关系的作用不同，但对你而言，都是必不可少的，所以我们一定要做好关系的分门别类工作，明确各种关系的作用和功能，把它们有效地编织到自己的人际网中。

销售工作需要的就是一张"求人联络图"。在京剧《智取威虎山》中，杨子荣就是凭借着一张"联络图"打入匪巢的。土匪头子朝思暮想的也正是那张"联络图"，因为人人都知道，有了这张"联络图"，就可以成坐山雕占山为王了。同样，我们有了人际关系网，才能在需要的时候利用这张网完成更大的任务，取得更好的业绩。

当然，我们更应该明白，光有这张人际网还不够，有了这张网，我们还得不断检查它、不断修补它。因为，随着人与人之间关系的变动，我们的人际网难免会出现漏洞。我们必须要不断调整自己手中的牌，不断将其进行重新分析排队和分类整理，不断从关系之中找出关系，才能真正做到

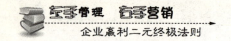

人尽其用，使自己的关系网保持有效性。

维系人脉关系的八大要点

世界一流销售训练大师汤姆·霍普金斯说过："销售就是不断地去找更多的人，以及销售给你找的人。"高业绩的销售人员一定是那些懂得让人脉不断开枝散叶、开花结果的人。这些人不单单会积极地编织自己的人脉网，更重要的是他们懂得怎样去更好维护自己的人脉关系。

很多人也懂得人脉的重要性，也知道不停地扩大自己的交际圈，和各种各样的人交往，但他们却不懂得维护经营人脉。在认识了某个人后，就将其"束之高阁"，将这个人的联系方式一保存，剩下的就是"老死不相往来"。你说这样的人脉会有效吗？当然不会。

人际脉络要有效重在疏通、重在关系往来，无论是单一的人脉，还是由单一人脉延伸拓展出来的人脉，只有让其不断"动"起来，才能真正用之有效。

其实，结识一个个新人，并不是一件多么难的事情，尤其是在各种通信设施这么完善，各种交际场所这么广阔的今天，要认识一个个新人，更谈不上难。但如何让你认识的这些新人在你的人脉圈上发挥出亮点般的作用，这就看你如何去悉心照顾和维系人际关系了。要知道，只有悉心照顾、悉心经营的关系才能让它逐渐向外扩大，发挥其重大作用。

大家都知道，银行业务中的零存整取，只有做到平时一点一点地储蓄，到了一定的期限我们才有一笔钱。同样，人与人之间的感情也是如此。你只有做好平时的储蓄，一年、两年后，我们才能收获一笔大的人脉财富。如果我们平时互相来往，那相当于不存钱；如果只是到了有事才想到找别人帮忙，那相当于从存折中取钱，只取不存，存折迟早有空的一天。以这样的方式对待朋友，朋友之间的情感终有一天也会枯竭，这种情况是我们最不想看到的。

那么，我们该如何有效地维系我们的人脉关系呢？要做到以下八大点。

1. 用好名片，建立起人脉数据库

中国台湾有位著名的"名片管理大师"叫杨舜仁，他号称有16000多张不同人的名片，并且他能做到有效管理这些名片，并充分利用这些名片。他是怎么做到的呢？

他说，只要会用Outlook，任何人都能立即进入操作。在一天的工作结束后，要立即把你交换到的名片全部输入到电脑中。在交换名片后要立即在背面批注，包括双方相遇的地点、介绍人以及对方的兴趣特征等，越详细越好。然后在电脑中建立"新联络人"时，一并将这些相关信息输入备注栏，当需要的时候，你就可以直接用"搜寻"功能进行查找，既简单又好用。

除了有效储存人脉信息外，杨舜仁还做足了人脉的"保鲜"功夫，他经常会写类似的短信，如"嗨！我是舜仁，好久不见，最近过得怎么样？"然后，群发给数百位朋友。

维系人脉需要花点心思，善于运用各种工具，如名片夹，或者电脑文档，将人脉的详细信息储存起来，转化成自己的资源，可以有效解决你的不时之需。

2. 用好你的中途停留时间

经常联系并不代表能经常见面，有时候，你和你的客户虽然很熟络，但彼此有好几年没见面。如果有一天你踏进他们的地盘，千万不要忘了告诉他们一声。即便是你只能在机场中途停留，无法亲自登门拜访或者无法请他们吃饭，也不要忘了打电话给他们，这会让对方觉得你是时时刻刻把

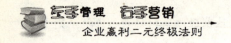

他们装在心里的。

3. 当和事佬，帮忙调解他人的关系

有时候，在你的人际网中，也会出现其他人之间不和的情况，这个时候，你不妨当次和事佬，公正公平地帮他们解决问题，当你帮他们把问题解决掉后，他们会对你充满感谢之情。

4. 不管是得意与失意，都要记得打个电话

不管你是得意还是失意，千万记得常常打个电话。如果你和别人之间平时连一声问候也没有，到了有事相求时才找出尘封已久的名片查找对方的联系方式，开始积极地和别人联络，给别人的感觉可想而知，其结果也可想而知。

此外，在你的人脉网中，当客户生意不好，失意时，你要及时伸出援手，此时正是你提供帮助，建立新关系的关键时刻。当然，当我们的客户取得业绩时，你也要及时送上你的电话祝福，给对方一种满足感。

5. 多收集对顾客有帮助的资讯

你需要充分注意并了解关系网中顾客们的兴趣和嗜好，有时候，你偶尔剪下一篇文章，或者是一句可能会吸引他们的句子或者是一条对其非常有利的建议，比如团队建设的建议或者是关于促销的一条热门信息，然后将之交给他们，他们会对你产生非常好的印象。因为你的这一举动，虽然很小，但足以表现出你对他们的关心。

6. 亲自到场

有时候，当你错过一场婚礼时，你会想到事后再弥补，但我们奉劝你最好别这样做。因为越是在重要的场合，人们就越容易记住谁到场了，谁

没有到场。

如果你想给自己的客户留下深刻并且是良好的印象，那么在一些对客户而言非常重要的典礼，如开业典礼、乔迁典礼及一些大型颁奖典礼上，千万不要迟到更不要错过。

7. 及时通知客户你的任何重要变化

比如你升迁了，你换手机号了，你换工作了……这些非常重要的变化，一定要在你安顿好后，第一时间告诉你的朋友，这会让他们感觉你非常重视他们。

8. 交换人脉，互惠互利

互惠互利的事情，没人不愿意做。拓展人脉也是如此。拿出你的，获取他的；拿出他的，获取你的。这样的互换，双方都有得赚，何乐而不为？

当然，维系人脉是一个系统而长期的过程，做好以上八大点，会让我们的人脉网更完整，用起来也更有效。但这绝不等于，要维系良好的人脉关系仅仅做到以上八点就够了，我们只有不断地寻找更好的、更有针对性的方法，我们的人脉网才能更完善。

找个"贵人"好办事

什么是贵人？贵人就是那些对我们有很大帮助的人，是那些能让我们由爬楼梯改乘电梯的人。在我们的一生中，要想不断取得成功，离不开别人的帮助，如果我们能得到贵人的帮助，那更是一件相当幸运的事。

贵人的引荐对一个人来说是强有力的敲门砖，有贵人的帮助往往能使一个人在黑暗中拨云见日，在迷茫中柳暗花明。一个人如果依靠自己的单薄力量，要取得一定的成绩可能需要奋斗十年甚至几十年，但如果能遇上自己的贵人，他们也许只需要三五年就可以了。所以，我们要学会寻找我们的贵人，并借力我们的贵人。所谓自己走百步，不如贵人扶一步。你想不想成功来得更快一点，来得更轻松一点？如果想，那就学会找至少一位贵人来相助吧。

"贵人"是我们生命中的开路先锋，是我们事业上指点迷津的导师。无论一个人有多么卓越的才能和显赫的背景，在职场生涯中，如果缺少了贵人，往往会事倍功半；相反，有了贵人的帮助则可事半功倍。所以，找到一个可以指引你、帮助你的"贵人"，比什么都来得重要。

那么，谁会是我们的贵人呢？

很多人一说到贵人，就想到那些有权有势的人。的确，这些有权有势的人是我们的贵人，结交他们，非常有利于我们的成功。比如美国前总统克林顿的"贵人"就是肯尼迪。在遇到肯尼迪之前，克林顿立志想当音乐家；当在遇见肯尼迪后，克林顿改变了志向，他决定走政治家的道路。从此，他的事业和人生有了彻底的改变。

需要指出的是，有权有势的人只是我们贵人的一种，换句话说，并不只有那些有权有势的人才能称得上是我们的贵人。事实上，任何人都能成为我们的贵人。上到"达官贵人"，下到"平民百姓"，有时暂时落难的人，也会是我们的贵人。

那么，具体来说，哪些人会成为销售人员的贵人呢？

1. 我们亲人的朋友可以是我们的贵人

或许我们一些亲人的工作可能和你所干的销售毫不相关，但是他们都有一些朋友，通过他们的朋友，你可以进一步广结人缘。况且以你的长辈和兄弟为媒介，更容易让他们的朋友相信你。

所以，在平时，多关注一些我们至亲身边的朋友，看看你的父母兄弟身边有哪些朋友可以给我们带来帮助，当然，你同辈的表兄弟们，也可以拿来作为我们广泛交友的来源。

2. 我们的同学或者同事可以是我们的贵人

尤其是对于一个销售新手来说，初次给客户打电话，客户会因对销售员不了解而产生不信任，在这个时候，如果我们能通过"第三者"这个"桥梁"过渡，说你是某某的朋友，就会在无形中消除客户的不信任感，消除他的警惕，便于与客户建立起信任关系。

当然，我们以朋友或同学推荐或者介绍的名义拜访我们的客户时，一定要确保这个客户也认识我们的朋友，并且最好这个朋友的地位与我们潜在客户的地位相当，甚或高出一些。比方说，你要拜访的客户是一家公司的高管，而你说出的这个朋友却是一个级别较低的管理者，这显然不具威慑力。

当然，借助朋友这个贵人进行拜访时，我们也一定要掌握技巧，如果技巧使用不当，就会造成相反的结果。

销售人员："您好，是刘经理吗？"

客户："我是，你是？"

销售人员："您好，刘经理，我是×公司的，是您的好朋友张然介绍我打电话给您的。我们是一家专业的礼仪公司，所以他让我打电话给您，问您是否有这方面的需求？"

客户："不好意思，暂时没有需求。"（将电话挂断）

以上销售人员的错误就在于他急于推销自己的产品。很多人在销售中，也会犯此类错误，结果不仅失去了客户，还丢掉了人情。所以在使用"朋友介绍法"时，要注意以下几点：

第一，先说明自己与介绍人的关系；

第二，务必传达介绍人的问候和赞美；

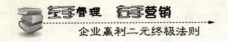

第三，说明本公司的产品已经得到了介绍人的充分肯定；

第四，巧妙地将话题引到与产品相关的事上来；

第五，不要在客户还没了解你与介绍人的关系前就介绍自己的产品。

3. 老客户也是我们的贵人

很多销售人员的业绩之所以很好，是因为他们抓住了"老客户"这一贵人。每个人都有一张关系网，客户开发就是凭借这张关系网进行的，客户开发的过程实际上就是不断编织客户网的过程。打个简单的比方来说，我们把产品卖给客户 A，A 成为我们的老客户后，他会把我们的产品再介绍给客户 B 和客户 C，B 和 C 再继续把我们的产品介绍给他们的朋友，依次类推，不断重复，我们就可以得到越来越多的客户。

很多销售人员在开发新客户的同时往往忽略了对老客户的维系，这种做法并不好，维护好和老客户的关系，有时不用你亲自挖掘，订单也会自动找上门来。

总之，找到贵人，我们就好办事，我们的销售业绩也更容易达成。那么，我们该如何去发掘我们的贵人呢？

1. 永远不要做一个旁观者

要找到贵人，需要你用心寻找和发现，需要你积极主动地投入和参与，如果你永远生活在自己给自己圈定的小圈子里，不愿走出来，在别人需要帮助时，你也不愿伸出援手，那么，你将永远找不到贵人。

2. 试着与社会关系总量大的人交往

一般来说，通过和社会关系总量大的人接触，你可以认识更多具有一定影响力的人物，这对我们的事业发展非常有利。

3. 让亲友成为你的"智囊团"

俗话说："上智者借人之智。"我们从哪里最容易借"智"？最好的资源就在我们的身边。我们的亲友往往是我们的第一"智囊团"，通过借他们的力，我们往往能取得不错的效果。

先打通"关键人物"身边的人

在生意场上，如果我们想要快速办成事，最好的办法就是直奔主题，针对直接目标下功夫，可以说突破了这道关卡，取得了关键人物的支持，事情就很容易解决了。

但问题是，有时候，这些关键人物并不好接近。尤其是当我们和关键人物之间存在着某种身份、职位差距时，要接近这些人物，更是难上加难。怎么办？此时，我们不妨先从关键人物身边的人着手，比如先从这些关键人物的妻子、孩子、父母及他身边的红人着手，先取得这些非正式的"权威人物"的同情、支持和帮助，通过这些人给关键人物"吹吹耳边风"，等吹过"耳边风"之后，我们再去接近这些关键人物，就变得相对简单多了。

电视剧《潜伏》确实火了一把，在《潜伏》中，余则成为了更好完成革命任务，虽然担心大大咧咧的翠平会在站长太太面前露出马脚，但又不得不鼓励翠平与站长太太多多来往。因为余则成太明白了，要取得站长的彻底信任，又怎能忽视他身边的人呢？

除了让翠平不断跟站长太太来往，余则成也没忽略站长身边的那个洪秘书。除了主动邀请洪秘书下棋，余则成还以职场老手的身份给予他开导。为什么余则成要这样做？因为余则成知道，站长太太和洪秘书虽没有什么实权，但他们都是站长"身边的人"，这些人只要在站长耳边"吹吹

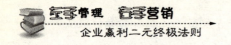
风"，那作用可是极大的。

当然，《潜伏》中余则成的做法有点厚黑意味，但这足以说明"关键人物"身边人的作用。一些人总觉得，抓住了关键人物就万事大吉。但现实情况往往比这要复杂得多。因为在关键人物的周围总有这样一些人，他们平时看起来和你要办的事情没什么直接联系，但在关键时刻可能会发挥大作用。所以，对"关键人物"的身边人，我们绝不能忽略。否则，就会大大影响我们办事的效果。

同样，在销售过程中也是如此。在很多销售人员眼中，他们所谓的最关键的人无非就是决策人，抓住了决策人就抓住了成交的关键。在这种观念的影响下，销售人员往往忽略了决策人身边的人。事实上，有时候影响你行销进程的正是这些貌似无关紧要的"下属"。下面的例子就说明了这一点。

一位推销杀虫剂的电话销售员给自己的一个老客户某农场总经理打电话询问近期产品的使用情况。正巧，这位农场的总经理外出了，接电话的是农场的副经理。

副经理："是王先生啊，总经理今天不在。我有什么可以帮忙的？"

电话销售人员："哦，是这样啊，我要问的事你没法做决定，我改天再打吧。"

不久，公司的推销记录上显示，这个农场再也不买这家公司的杀虫剂了。这位电话销售人员迅速给农场的总经理打去电话询问原因。但一切都来不及了，因为该农场早已开始大量采购另一种杀虫剂，而这种杀虫剂的功效并不怎样。

电话销售人员："张总经理，你们为什么要更换牌子呢？你们不是一向对我们的产品很满意吗？"

农场总经理："的确，过去我们是很满意，但我听我们的副经理说你们已经变更处方，新的处方效果并不太好！"

电话销售人员："没有啊！我们的处方根本就没有变更啊！"

农场总经理："不可能，你们的处方一定变更了，我的副经理告诉我，现在的杀虫剂都会塞住喷嘴，用起来特别费事。我们的副经理还告诉我，你的同行卖给我们的药剂效果也很好。"

人是感情动物，再理智的人在做决策的时候，也难免受别人的影响。而这里所谓的"别人"一般是与自己关系十分密切的人——亲属、朋友、自己的副职、秘书等。在决策者眼里，这些人的话未必全正确。但总会对他的看法形成或多或少的影响，如果这些影响总是负面的，那对你来说就是不利的。所以，当你的某些无关紧要的话语触怒了你客户身边的某个人时，这可能意味着你将从此彻底失去这个客户。

所以，优秀的销售人员往往会重视客户身边的每个人。尽管有些人不显山、不露水，但他们都可能成为你达成销售的垫脚石。我们一定要给予这些人高度的关注，尽可能抓住每一个可能发挥作用的人物，这样我们成功的可能性才会不断增大。

下面我们就介绍几种常见的打通"关键人物"身边人的技巧。

1. 走一走家人路线

在销售中，必要的时候，我们可以走一走家人路线。比如，走老人和孩子路线。因为心理和生理的一些特殊原因，接近老人和孩子，更容易拉近彼此的感情，也正因如此，走老人和小孩路线更容易达成目的。特别是老人和小孩是家庭的黏合剂，老人若心悦神怡，孩子若快乐健康，那么，全家人就会随之愉快和活跃。正因为这个原因，若走好了老人、孩子路线，也是我们有效办成事的不错方法。

2. 有技巧地对待"关键人物"身边的红人

在每个单位或组织里，都有一些被领导器重的"红人"。这些人要么业绩出色，要么能力特别强，要么与领导的关系十分密切。通常，领导在决策时，也会听听这些人的建议，平时，领导也会通过这些红人来了解下属的情况。

如果我们能与这些红人们处好关系，在关键时刻，让他们替你在领导面前美言几句，这对你达成目标是非常有帮助的。

总之，我们在生意场上，难免会遇到这样那样的难关，所以，在一开始我们就要为自己做好打算，如果当面求人办事有些困难，那么，我们不妨先从这个人身边的人着手，这些人是帮你解决掉难题的突破口。

结交"关键人物"的4个注意事项

拥有良好人脉的关键就是结交一些关键人物。什么是关键人物？一般来说，关键人物就是指那些政界人物、企业总裁以及社会名流。这些人物的身上一般会存在诸多潜在商机。对一个普通人而言，结识一位关键人物，你的人生或许就会发生质的改变。

特别是这些关键人物常常怀有超绝才识，在社会中，他们也具有比较大的影响力，结交这些人，即便他们不是一言九鼎，但起码能帮你在成功的路上少走些弯路，少浪费些时间。更重要的是，结识关键的人物，可以使我们的人脉网层次更高、品质更高、价值更高。

伊索说："谁喜欢什么样的朋友，谁就是什么样的人。"与这些关键的人物为友，向这些关键的人物学习，你可以变得更优秀。因此，我们应该多结交些关键人物，并想方设法获得他们的帮助。

当然，与这些关键人物结交虽好处多多，但要注意的问题也很多，只有掌握了注意事项，我们才能更好地跟这些关键人物相处，也只有掌握了注意事项，才能真正让这些关键人物为己所用。

一般来说，在结交"关键人物"时，要注意以下4点。

1. 要掌握和了解关键人物的身世背景和社会关系网

任何一位关键人物都有自己特殊的社会关系网。他们的社会关系网的形成与其身世背景和特殊的人生经历有直接关系。

一般来说，要和这些关键人物直接攀附关系并不是一件容易的事情。这时，我们不妨先留心和关注这些关键人物的身世背景和社会关系网，包括他的亲属关系、同学关系、朋友关系、上下级关系等，掌握了这些关系，鉴于直接与关键人物建立关系有些困难，我们不妨另辟蹊径，先尽全力同这位关键人物的同学、亲友等建立起关系。这样，在必要的时候，我们就可以借助这些关系的力量，使关键人物碍于某些关系的面子不好拒绝，不便拒绝，不能拒绝。

2. 循循善诱，委婉自然是第一原则

有些人为了和一些关键人物攀上关系，本来非亲非故，非要生拉硬拽和他们扯上关系；还有些人，本来和关键人物的某位朋友或者同学没有多少关系和交情，偏偏夸张地说自己与人家有多么情深义重，这样一来，很容易引起关键人物的鄙视和厌恶。

怎样才能让关键的人物接受我们呢？

循循善诱，委婉自然是第一原则。什么意思呢？就是说在与关键人物拉关系时，最好在委婉谈话中，引出你和他的关系，引出你和他朋友的关系，让他觉得你不是刻意在提某些关系，而是不经意地顺理成章地提起，这样他就不会反感。当然，在提起这些关系时，你最好能一语中的，牵动着他回忆某些旧情，如果一个人能把与关键人物的关系谈到这分儿上，那么，他对你要托办的事怎能袖手旁观呢？

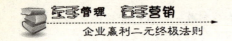

3. 与关键人物攀关系要讲究场合

一般来说，绝大多数关键人物都不愿意别人在公共场合和他攀关系，因为这会牵涉他的身世背景和社会关系，而对于自己的身世背景和社会关系，这些关键人物是不愿意让别人知道的。所以，在众目睽睽下，尽量不要与关键人物攀附关系。

要和这些关键人物攀附关系，最好是在背后或者是在酒桌上、在茶余饭后散步时，或者是在这些关键人物情绪很好且具备拉关系由头的时候。此时，和他们拉关系最容易切中他们的心意，最容易令他们"买账"。

4. 不卑不亢，切忌奉承

结交关键人物应该是有原则、见真情的。如果不坚持原则，功利性和目的性太强，就会对关键人物表现出阿谀奉承。任何人都喜欢被别人发自内心地尊重，阿谀奉承实质上是对别人的不尊重。

要知道，阿谀奉承等同于虚情假意，虚情假意只会让人感到反感，感到厌恶，感到痛恨。当然，在我们生活中，也确实有些关键的人物喜欢被奉承，但与这些人长期发展友情，你是很难从中受益的。

此外，在与关键人物交往的时候，要大方自然，不要太过拘谨。的确，关键人物无论是阅历还是地位，都比我们高一等，在和他们交往的时候，我们会感到一种威严感。尤其是阅历甚少的年轻人，当面对这些关键人物时，更会表现得扭扭捏捏、不自然。

实际上，关键人物也是我们平等交流的对象，在和他们交流的时候，我们既要做到尊重对方，又要守住自己的本色，大方自然就好，太过拘谨只会让他们觉得你太过小家子气。既做到尊重对方，又不失自己的魅力，如此，关键人物才会乐意与我们发展友情。

让自己成为最受欢迎的人

不管是谁，每个人都希望自己成为受欢迎的人。成为受欢迎的人就意味着我们的人际关系良好，良好的人际关系是我们工作的润滑剂。尤其是作为销售人员，做一个受欢迎的人，更是其与客户建立信任关系的第一步。如果一个销售人员不能被客户接受和喜欢，要建立信任关系那只能是空谈。

那么，对于销售人员来说，如何做才能让自己成为最受欢迎的人呢？

很多销售人员片面地以为只要对客户和蔼可亲、面带微笑就可以成为最受欢迎的人，其实不然，要成为最受欢迎的人，不是件特别容易的事，但也不是件难以达成的事。

1. 诚实是第一品质

要成为消费者眼中最受欢迎的销售人员，最重要的一项品质就是诚实。几乎所有的顾客都会把销售人员的诚实排在第一位，就像有人说的，销售不是销售产品，而是销售你的信任。所以，越是诚实的人就越能得到顾客的信任。

销售人员诚实就是不欺骗客户，不隐瞒产品的任何缺陷，也不夸大产品的功能，而是有一说一，保证客户真实了解产品的权利。

在销售中，我们经常看到有些人的销售技能并不是特别优秀，但其诚实的性格却反而能够使其赢得客户的信任，从而获得很好的销售业绩。

不要将客户当成"傻瓜"，把客户当成"傻瓜"的销售员自己才是最大的"傻瓜"。客户敏感且非常聪明，他们关心的绝不仅仅是产品，他们更关心人品。因此，销售的最好技巧绝不是技巧本身，而应是诚实，只要是发自内心的真诚，哪怕客户只是和你短暂的接触，他们也会很快感受

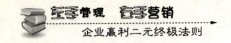

到。回到开头所说的那句话，销售的最高技巧在于"销售信任"。

2. 为满足客户要求和利益，不厌其烦

能为满足客户要求和利益而不厌其烦的销售人员非常容易引起客户的喜欢。不厌其烦换句话说就是销售人员无论在什么样的情况下——不管是刮风下雨，不管是反复奔波，不管是上班时间还是下班业余时间，当客户需要的时候，你都能够随叫随到，在最短的时间内，满足客户的需求。

曾经听朋友讲过一个案例，他手下有位销售人员，早就约好了和客户见面，但是突然下起了大雨，路上积水严重极了。因为公司距离和客户见面地点的路程非常远，销售人员开始变得有些退缩，他想给客户打电话另约时间，但思来想去，销售员没有那样做，他决定冒雨前往客户那里。

终于，在约定时间之前，这位销售人员赶到了客户的办公室。此时，这位销售人员早已经浑身湿透了。很多路过的人甚至忍不住发笑。在见到客户的那一刻，尽管销售员自己全身早已湿透，但是他为客户带去的文件和资料依然干净完好。客户被彻底震惊了，在感动之后，客户当时就决定与销售员签订两年的合同。

客户为什么感动？是被销售人员不厌其烦的工作精神和工作状态打动了，他不仅让客户获得了满足，并且赢得了客户的尊重。其实，如果我们能细心地体会一下，我们就能发现不厌其烦正是一个销售人员对客户尊重的最直接体现。

3. 果断决定

很多客户都不太喜欢优柔寡断的人，越是领导越不喜欢优柔寡断的人。一个人如果优柔寡断，可能说明两个问题：一是这个人缺乏判断能力，二是这个人考虑的问题比较多。

客户为什么讨厌缺乏果断能力的销售人员？因为销售人员的犹豫不决

很容易使客户联想到猜忌、唯利是图和狡猾。所以，销售人员如果能做出某项决定，最好不要拖拖拉拉，拖拉犹豫只会让客户对你的信心大打折扣。

此外，很多时候，如果一个销售人员不够果断，尤其是在客户需要帮助的时候，销售人员如果不能果断地给予其帮助和答复，而是采用拖延战术，这在客户看来是非常不负责的。如果将事情拖到无法处理，那最终的结果会更糟糕。所以，为让自己成为客户最受欢迎的人，销售人员应有意识地让自己变得果断起来。

上面讲到，销售也是一项团队活动。一个人要更好地完成销售，达成更高的销售业绩，离不开团队的支持，因此，建立良好的团队关系，成为同事心目中最受欢迎的人，也是必不可少的。那么，销售人员该怎么做，才能在同事中最受欢迎呢？

首先，忠于自己的职责，不越俎代庖，更不推卸自己的责任。在讲求合作的年代，任何人都不喜欢和一个习惯推卸责任、推卸难题的人一起共事。把责任推卸给别人就意味着让别人替你收拾烂摊子，这是谁都不愿做的。

其次，我们应该尊重其他同事的意见。在一个团队中，难免会有分歧，对别人的意见，我们不一定采取，但不能因意见不同而引起不愉快的争论。别人的意见我们要听，但是决定自己来做。

再次，帮助你的同事。一个受欢迎的人，一定是一个善于给别人帮助的人。乐善好施能使一个人建立起属于自己的稳固的"关系网"。所谓人脉决定命脉，一个人的成功在很大程度上取决于良好的人际关系。特别是善于助人的人多是宽宏大量的人，这样的人，无论是在生意场上还是人际交往中，都是别人喜欢的对象。

最后，需要指出的是，在工作中要成为最受欢迎的人，就应该少发牢骚、少抱怨，当一个正能量的传递者，要知道人们都喜欢和积极向上的人

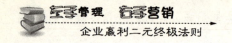
做朋友，没人喜欢和"怨妇"共事。

帮客户成功就是自己成功

销售的最高境界是什么？是尽可能多地卖出产品？是尽可能地宣传自己的企业？还是最大程度为企业带来利润？

很多企业都认为销售的最高境界就是多卖产品，卖得越多越好，甚至他们为了卖出自己的产品，采取一些不太好的手段。但真正优秀的企业却不是这样，他们认为企业最大的价值应该是帮助别人成功。

一位非常著名的企业家，在一次采访中说："我的女儿在进入职场前问过我什么是最成功的销售，我的答案就是'专心地利用公司的一切资源来真心实意地帮助客户解决问题'。"

也就是说，在最优秀的企业家眼里，企业最大的成功就是帮客户成功。

现在任何一个企业一个公司都在强调服务的重要性。那你知道服务制胜的最高境界吗？著名的管理专家宋新宇博士说过："服务制胜的最高境界是客户参与：你关心客户，客户关心你；你感动客户，客户感动你；你帮助客户成功，客户帮助你成功！"服务制胜的最高境界就是帮助你的客户成功。

事实上，当你把客户的成功当成自己的成功，真心地去帮助你的客户成功时，那你就一定能赢得客户的心，赢得了客户的心，这正是你个人成功的起点。

百度对社会最大的价值就是不断成就客户，帮助客户最便捷地找到所求。这些他们所帮助的人不但有自己的客户，还有客户的客户。正是在不断帮助别人、不断成就别人的过程中，百度才逐渐发展壮大起来。

2002年大年三十晚上，当外面的鞭炮噼啪作响，全家人一遍遍催着商业产品部负责人王湛回家吃年夜饭时，此时，他的心思却全然不在年夜饭上。他不断地跟李彦宏通着电话。

原来，王湛刚接到一个客户的电话，客户在百度刚刚投放了几百元的广告费，但不到两小时，上面就显示广告费全用完了。要知道，这些费用原本足够一天的推广。此时，春节正是产品热销期，出现了这种情况，客户真是着急死了，不停打电话询问究竟是怎么回事。

根据经验，王湛判断这可能是因为该客户竞争对手的恶意点击造成的，但恰逢春节，工程师都已放假回家，要想从技术层面解决问题不太可能。但客户的问题又一刻不能耽搁，此时，王湛只能向李彦宏求救。

"我们所做的就是为了要帮助别人做生意成功，帮到了别人才能成就我们自己。这样吧，首先我们把人家的损失补回来，告诉客户，前面的点击费用我们都不要了。如果客户愿意续费，他每续100元，我们就给他账面充400元，保证他的推广预算维持在合理的水准上。"李彦宏果断地说。

李彦宏的措施远远超出了客户的期望，客户满意极了。不仅如此，节后，李彦宏和王湛一回北京，就立刻组织工程师查明了问题，给了客户又一次满意的答复。客户非常高兴，当即表示愿意和百度这样的公司长期合作。

百度全心全意帮助了客户，客户对百度更加信任，可见，帮助他人就是成就自己。一家企业不管你是谁，不管从事什么行业，要取得更大的发展就要记住：帮助他人成长，自己才能成长；帮助他人赚钱，自己才能赚钱；帮助他人成功，自己才能成功。如果你满脑子只装着自己的利益，从来不为客户着想，那么没有客户愿意和你合作。离开了客户的合作，你的成功就是一句空话。所以，优秀的企业绝不是那种削尖了脑袋只往利益处钻的企业，他们会照顾客户的生存和成功，并全力帮助客户成功，因为他们知道：帮助客户成功就是帮助自己成功。

今天，企业都在大讲服务，很多企业很多人之所以不能成功，是因为

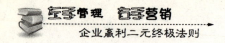
他们不愿意服务他人，却总希望别人能用高价值来回报自己。这是异想天开。你不能给别人带去价值，别人怎能愿意回报给你价值？事实上，企业正是靠价值生存的，而客户是价值的埋单者。如果你不能为客户提供有价值的服务和产品，不能帮助客户成功，哪有客户愿意埋你的单？因此，只有企业帮助客户成长并成功，自己才能发展。

第十二章 客户价值

——把客户做成富矿

情感维系的大客户策略

什么是大客户？大客户一般具有四个特征：销量大、利润大、实力大、潜力大。

所谓"吨位决定地位"，在一个区域市场内，如果企业有几个吨位大的大客户，就能保证企业在这个区域市场内的市场份额，有了市场份额才可以实现公司产品对市场的占领，实现公司的终极目标。所谓利润大，就是指客户给企业带来的利润是最大的，一般来说，能给公司带来大销量的客户也往往能给公司带来大利润。实力大，指的是客户的资金实力、团队实力、业务实力大。潜力大包含两方面的意思，一是客户的发展前景大；二是客户对公司的忠诚度高，对公司的潜在贡献率大。如果一个大客户对公司的忠诚度不高，能给公司带来的高销量和高利润只是暂时的，说不定哪天他就不是公司的客户，而是竞争对手的客户了，这对企业是非常不利的，所以，对任何企业而言，开发一系列大客户是非常重要和必要的。

当然，对于大客户只做到开发是远远不够的，最重点的是要做好大客户管理。所谓管理大客户就是通过持续地为大客户量身定做产品或服务，满足大客户的特定需求，从而培养出具有高忠诚度的大客户。

　　具体来说，大客户管理的目的可以概括为以下两点：一是在有效管理和控制之下，企业为大客户不断创造出高利润、高价值；二是在有效的客户关系管理和维护之下，企业不断为大客户提供多种多样的个性化的解决问题的方案，从而保证能从大客户处获得持续的、长期的、稳定的收益。

　　实际上，大客户管理策略涉及的内容和范围都比较广，一般来说，它包括从寻找客户线索、建立起客户关系、对潜在的大客户进行产品或者服务销售、产品安装与服务实施、售后服务等多个环节的管理与控制。虽然环节众多，但目的很明确且只有一个，那就是——为大客户提供个性化的、持续的解决问题的方案，并以此来满足大客户的特殊需要，从而建立一种长期的、稳定的业务关系，确保和增长企业的竞争优势。

　　一般来说，维系与小客户的关系，我们最重要的是满足其利润需求，这也符合马斯洛的需求理论。因为对小客户而言，他们聚焦的就是利润。但是对于大客户不同，大客户除了关注利润外，他们当中的很多人都是处于马斯洛需求理论中上层，对于这个群体而言，他们的需求已不仅仅停留在物质（利润、金钱）层面，他们更多开始追求精神、情感方面的需要，所以，要做好大客户管理，企业应多在客户的感觉层面下功夫，给予大客户更多情感维护。

　　那么，企业如何做好大客户的情感维护工作呢？

　　第一，大客户追求的不是一种管理与被管理的关系，他们追求的是一种以共同利益为目标和企业结成合作伙伴的关系。这种伙伴关系的构建须遵循一个黄金规则——信任。什么是信任？就是企业让大客户感受到你的焦点已不再是买卖产品而是建立信任关系；你关注的焦点已不再是眼前的利益而是长远利益。归根结底，大客户的情感维护策略不是让客户感到你为他们去做多少事情而是让他们感受到你是在和他们一起做事情。换句话说，不是你去简单地服务这些大客户，而是通过和他们一起做事，来成就这些大客户。

第二，充分关注大客户的一切动态并及时给予协助和支持。密切关注大客户的一举一动会增强企业和大客户之间的情感交流。特别是大客户的一些重大活动，企业更要给予关注，必要时还要给予支持和协助。比如，大客户的开业周年庆典、大客户荣获特别的荣誉以及与大客户相关的其他重大商业举措等，企业都应该随时掌握信息，并给予祝福和帮助。

第三，建立有效的客户反馈机制，畅通和大客户的沟通渠道。对企业而言，建立有效的反馈机制，畅通沟通渠道，可以使大客户的各种意见和评价流动起来，最后流动到企业的各个职能部门，使各个部门都能更有针对性地服务好大客户——这是服务体系建设中非常重要的一个环节。

此外，为了更好地做好与大客户的沟通工作，企业可由大客户管理部的经理每月一次登门拜访，面对面收集他们的意见或建议，并填写《大客户沟通记录表》。这种面对面的沟通能够有效纠正信息失真的情况，有利于企业真正了解并把握大客户的心理动态，可以很好地预防有损于大客户利益事件的发生。

第四，组织每年一度的与大客户之间的座谈会。每年组织一次企业高管与大客户之间的座谈会，听取大客户对企业产品、服务等各方面的建议和意见，这对企业预测未来市场是非常有利的。特别是大家在这样的会议上，可以开诚布公，真正表达自己的观点和感受，可以大大加深企业与客户之间的感情，增强大客户对企业的忠诚度。

"中国领导力导师"谭小芳女士说："凡是追求可持续发展的公司，永远都不会在重要的大客户身上打折扣。因为对大客户打折扣就是对企业的未来安全打折扣。"

"五缘文化"的多点利益引爆

什么是"五缘文化"？"五缘文化"就是指亲缘、地缘、神缘、业缘和

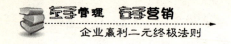

物缘。

其中亲缘就是指宗族、亲戚关系，它包括了血亲、姻亲和假亲三种关系。所谓地缘就是因出生地结成的缘分，一般包括邻里，乡党等关系，即通常我们所说的"小同乡"和"大同乡"。神缘，说白了就是因有共同的宗教信仰而结成的关系，比如对佛祖、基督等的信仰。业缘这个比较好理解，就是因同行业结成的缘分，比如同学、同行之间的关系。因为有着共同的业务关系和利益，人与人之间有交流和切磋的愿望和需要，由此而组成的群体。其组织形式一般包括协会、同学会、研究会等。物缘就是因物而发生的关系，这些物如土、特、名、优等产品。因物而集合的人群，也会出现相应的一些组织形式，如行会、协会、研究会之类的组织。

在古代，"神"一般也有"天"的意思，五缘文化包含了天（神缘）、地（地缘）、人（人缘）、物、业五种关系。1994年11月，"五缘文化说"的首创者林其锬教授宣读了《五缘文化与世界华商经贸网络》的精彩撰文，文中深刻的思想深深打动了林有成先生，他萌生了将"五缘文化"与现代营销原理、营销方法结合并进行相关研究的想法。此后，在众多教授、专家的大力帮助下，林有成先生前前后后花了三年时间，终于撰写并出版了《五缘文化与市场营销》这部专著，提出了独特的中国营销管理模式，是中国本土化营销理论的一次重大创新。

那么，专著中提出的中国营销管理模式到底指的是什么呢？

中国营销管理模式是融合"五缘文化说"的"社会网络"理论、西方营销管理中的"营销网络"理论，以及现代法律法规为一体的三维管理模式。这种营销管理模式的核心可概括为：以顾客为中心，实行"动之以情，晓之以理，守之以法"营销，其中"情"是基础，"理"是方法，"法"是保证，"情"与"理"必须服从法，如此，才能消除负面影响。在实际的营销中，企业可以充分应用五缘文化营销管理模式，确保在合法的范围内，更好地满足顾客的需求。

先说"守之以法","守之以法"就是守法。一个企业只有守法才能获得预期的、长久的收益。特别是市场经济是法治经济，在市场经济条件下，企业的生产经营活动若违背法律法规，就是给自己的未来掘下了陷阱，埋下了定时炸弹。

对于任何一个企业来说，只有合法行为才能受到法律保护。那些违法行为或许能让企业在短期内获利，但这些行为一旦被发现，必将受到法律的追究，这些企业必将为之付出沉重的代价。所以说，企业要恒久发展，首先要在合法的范围内经营，当"情"与"理"及"法"发生矛盾时，要以"法"为大，"情"与"理"为"法"让步。

再说"动之以情"，一般来说，"动之以情"与"晓之以理"并提。"晓之以理"这个很好理解，就是在营销中，销售人员和顾客面对面，将大道理讲给顾客听。当然，我们知道，如果销售人员在讲道理的时候，不懂得运用一些手法，比如比喻手法等，很容易就会把道理说得枯燥无聊，引起顾客的反感。如何让顾客不反感呢？如果我们能做到在"晓之以理"的同时，配合"动之以情"促销，那么，就可以使我们的销售大获成功。

在营销中，有一条黄金法则："动之以情，晓之以理，诱之以利。"对于任何销售活动来说，要想取得成功，最终要的就是"动之以情"。为什么呢？

俗话说："人非草木，孰能无情。"情感是人类行为非常重要的基因，在很大程度上影响着人们的思想活动和行动。尤其在物质产品极为丰富、竞争越来越白热化、人与人之间的情感越来越淡薄的今天，情感因素更成为企业营销中一个非常重要而独特的因素。

一位著名的企业家曾经说："这个世界不属于有钱人的，也不属于有权人的，而是属于有心人的。如果一个企业能不断打动消费者的心，那么这个企业便有了发展的恒动力。"这位企业家所说的"心"其实就是"情"，就是彻底抓住消费者内心的情感需求。

当消费者的情感需求得到真正满足时，他们就会感到心情愉悦，就会心甘情愿地产生购买行为，就会对品牌产生好感，最终由好感上升为忠诚，获得消费者的忠诚这正是销售所要达到的终极目的。

那么，在销售中，我们该如何做到"动之以情"呢？

首先，要做到"动之以情"，最重要的是要满足消费者的情感需求。消费者的情感需求包括获得成功，展示魅力，表达爱情、亲情、友情，受到尊重，等等。要充分满足消费者的情感需求，方法多种多样，比如设计一些新颖的礼品，通过其新颖的特点满足消费者的好奇心；设计一些让顾客整个家庭都能参与的活动，让消费者感觉到亲情的温暖；设计一些有挑战性的项目，让人感受到挑战后的快乐，等等。当顾客感到心情愉悦时，促销的成功率就会非常高了。

其次，让消费者感受到你的真诚。"动之以情"的另外一个方面就是让消费者感受到你的真诚。什么是真诚？就是让消费者感受到公正性、不虚假。举个简单的例子来说，很多厂家在销售活动中会设置抽奖兑奖环节。很多人对抽奖的第一反应就是"根本没有什么大奖，都是骗人的，大奖早让他们自己贪污了。"在消费者眼中，这就是不真诚，因为他们根本感受不到公正，他们觉得这些都是假的、骗人的。设置这样的抽奖对达成销售成果不能说毫无作用，但作用肯定很小。

如何让消费者感受到真诚呢？比如我们可以公开抽奖，并当场公布获奖者的名单等，只有让消费者相信你是公正的，他们才会积极参与你的销售活动。

最后，采用独特的活动形式。比如在销售活动中，可设置一些亲子游戏，也可以采用一些新奇的或者富有挑战性的形式来进行产品销售，以此给消费者带来快乐、刺激和成就感，满足消费者不同的情感需求。

合作共赢的优势互补法则

在心理学中，有一个互惠定律，意思是说人们都喜欢做那些既能给别人带来实惠，又能给自己带来帮助的事情。在管理学中，有一个词和"互惠"的意思差不多，那就是"共赢"。

"共赢"就是指共事双方、多方或者交易双方在完成一项交易活动或者共同承担一项任务的过程中互惠互利、相得益彰，双方或者多方都能够实现自己的收益，达到彼此满意的结果。

在维护客户关系时，企业如何才能提高客户的忠诚度，让客户成为我们永久的合作伙伴而不流向我们的竞争对手？其中很重要的一点就是企业要做到与客户共赢。只有与客户共赢了，销售才易于达成。

小孙向一家企业推销自己的设备，客户刘经理对他的设备很满意，但希望价格能再降低一点。

于是双方开始了讨价还价。

但进行了好久的谈判，双方都没有达成共同协议。刘经理希望设备的价格是8万元，但小孙所能给出的最低价格是9万元，就这样，一直讲来讲去，直到中午，双方也没敲定最后的价格。

眼看到中午了，小孙灵机一动，先请刘经理一起吃饭。在饭桌上解决问题更简单。

饭到尽兴处，小孙说："刘经理，这8万元的价格实在有些困难，你也知道我没有决定权，我刚给我们经理打了电话，咱们各让一步，8.5万元怎么样，这样我也能向公司交代，再说你还等着急用这些设备，早使用早赚钱，你觉得怎么样？"

刘经理思量了一下："好吧，好吧，就这么定了吧，不过你们要尽快把设备送过来。"

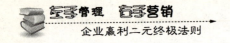

"好好好，饭后我马上就安排办这件事。"

就这样，一顿丰盛的午餐后，小孙和刘经理都同意了8.5万元的价格，刘经理还给小孙推荐了其他3个有需求的合作伙伴，双方都得到了各自想要的，形成了双赢合作。

双赢的合作，既能满足客户的利益，又能使自己的利益得到满足，何乐而不为？

现在，每个企业都知道"以人为本"的重要性。什么是真正的"以人为本"？"以人为本"除了尊重自己的员工，做到和员工共赢外，还有很重要的一点就是尊重客户，与顾客共赢，这才是现代销售和所谓的营销对"以人为本"的真正理解。

其实，以人为本的这个"人"有三个维度——"你""我"还有"他"，一个企业只做到和员工共赢，那是片面的，营销必须是三维的，当一个企业考虑到和员工共赢的时候，还应该再考虑一个维度——与客户（顾客）共赢。所谓的顾客就是上帝，如果做不到和客户共赢，那么顾客就是上帝只能成为一句口号，一句毫无意义的口号。

当然，要做到共赢，还有一个很重要的途径，那就是坚持遵守优势互补法则。

没有一个人十全十美，正所谓"金无足赤，人无完人。"那么，如何发挥出每个人的最大潜能呢？很重要的一个原则就是懂得优势互补。

优势互补就是取他人之长来补己之短，其重要性不言而喻。很多老板都羡慕赫赫有名的微软公司，虽说微软的成功大多取决于比尔·盖茨卓越的个人才华，但也离不开比尔·盖茨手下的那支精英团队。在这支团队里，有身怀不同特长的人才，他们聚在一起，正好达到了优势互补的目的。他们彼此间互相取长补短，不仅在实践中不断推陈出新，在科研上，他们也一路攻坚破垒，最终造就了辉煌的微软。

有一个颇有意思的故事。

一个瞎子和一个瘸子过河，面对湍急的河水，两人都为难极了。两人都想过河，但瞎子却因为看不见不能过去，瘸子也不能顺利过去。怎么办？瞎子和瘸子商量了一通，最后决定由瘸子指引道路，由瞎子背瘸子过河，结果，他们很顺利地过了河。

这个故事，给我们一个很重要的启示：优势互补。瞎子的优势是脚，瘸子的优势是眼睛，将各自的优势有效地组合在一起，便弥补了各自的劣势。由此，将劣势变成优势，便组成了一个新的优势形象。

在销售中，我们不妨也学着运用优势互补策略。这样，可以保证我们达到共赢的结果。奥迪就是充分运用优势互补法则营销的一个典型案例。

2004 年，奥迪正式成为北京奥运会的高级用车，2007 年 1 月，奥迪在宣布其奥林匹克计划的同时，还与阿迪达斯、国航签订了合作协议。根据协议内容，在全中国范围内，奥迪为阿迪达斯和国航的主要活动提供服务及贵宾用车，后两者则为奥迪的活动提体育装备和航空服务。除此之外，三方还共同约定相互进行品牌推广。

这种合作鲜明地体现出了优势互补的特征。以奥迪和阿迪达斯的合作为例：奥迪的车辆可以在阿迪达斯店里进行定期展示。奥迪为什么要这样做？因为阿迪达斯的客户正是奥迪看中的重要资源。

长期以来，奥迪的"官车"形象定位使他们在吸引年轻时尚的人群时，失去了竞争力，这让奥迪在取得巨大成功的同时，也面临着新的挑战。如何吸引更多年轻时尚的消费者？如何为奥迪车开拓更广阔的增长空间？如何不断拓展商务和私人市场，渐渐抹掉"官车"形象？这些都成了摆在奥迪面前急需解决的问题。

此时，和阿迪达斯的合作正好可以解决他们的问题。阿迪达斯品牌拥有动感的形象，它的消费群体大多是充满活力的年轻人，这些年轻的客户资源不正是奥迪急需而自己却不具备的优势吗？而阿迪达斯正好又需要具有强大购买力、年龄更高的消费者。

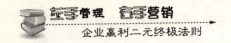
在这次合作后，奥迪销售事业部的总经理安世豪说："我们希望通过双方的合作，阿迪达斯的用户将来能成为奥迪的车主，而奥迪车主将来也能成为阿迪达斯的用户。"

优势互补的营销策略不仅是一种共赢的营销策略，也是一种可以将营销效果充分放大的有效营销方法。在运用优势互补的营销策略时，企业不妨多做一些这样的思考：我们自己已经具备了哪些优势？自己还有哪些不足？如何弥补自己的不足？可以找谁来一起合作，从而达到弥补不足的效果？我们可以给对方带来什么？对方可以给我们带来什么……考虑清楚了这些问题，我们在合作的时候，才能更加有效，更快实现互利互惠。

客户关系营销管理

什么是客户关系管理？客户关系管理（Customer Relationship Management，CRM）是一个不断加强与客户的交流，不断了解客户的需求，并不断对产品和服务进行有效改进和提高，从而不断满足顾客需求的连续过程。这个过程的直接目的就是为了更好满足客户的需求，更好留住老客户，更快开发新客户，并不断提高新老客户的忠诚度。

就其内容而言，客户关系管理是指企业利用互联网技术和信息技术（IT）来实现对客户的整合营销，是以顾客为核心的企业营销的管理实现和技术实现。

客户关系管理注重的是与客户的不断交流，注重的是与客户的感情维护，经营的过程是以客户或者是以服务为中心，而不是传统的以市场或者以产品为中心。同时，为了确保与客户的沟通能保持畅通，客户关系管理可以为客户提供多种交流渠道，并愿为客户打造出一种有利于交流的机制，为客户提供尽可能多的沟通平台。

就其核心思想来说，客户关系管理的核心关键思想是：客户对企业而言，是一项非常重要的资产，关心关怀客户是 CRM 的中心。企业关心关怀客户的最终目的是与所选客户建立起长期并且有效的业务关系。企业通过与客户的每一次关怀和接触，达到接近客户和更加了解客户的目的，从而最大限度地增加企业和客户双方利润和彼此的市场占有率。当然，基于客户关怀思想的客户关系管理，还有一个很重要的目的，那就是把一般客户尽量发展成为企业的大客户，从而提高客户对企业的利润贡献率。

客户关系管理的核心是对客户的价值进行管理，它将客户的价值分为既成价值、潜在价值和模型价值三类，本着一对一、有针对性的营销原则，满足具有不同价值的客户的个性化需求，从而提高客户的保有率和忠诚度，实现客户价值的持续贡献，从而提升企业的赢利能力，达到全面提升竞争力的目的。

客户关系营销管理的首要任务就是稳定老客户，并不断吸引新客户。在留住老客户方面，客户关系营销管理要求做好以下几个方面。

1. 为客户提供高质量的产品

客户购买产品，首先是满足自己实实在在的需求，唯有高质量的产品才能真正满足客户的需要。如果客户购买的产品本来就是劣质的，不但满足不了客户的需要，还会给客户一种上当受骗的感觉。在这种情况下，别说客户能成为你的老客户，就当他们再次提起你的产品时，他们只会满口差评。所以，要留住老客户，首先最重要的就是为其提供高质量的产品。

如何为客户提供高质量的产品？这就要求企业必须要严把产品质量关。首先，在产品生产的过程中，采取全方位监控，做到不留一点质量死角；其次，产品生产方要彻底摒弃侥幸心理，不要认为偶尔一次产品质量有问题，客户就不会发觉，要知道，消费者不是傻子，偶尔一次质量有问题，或许意味着你将永远失去一批客户。

所以说，要留住客户，产品质量首先必须要过关。没有好的质量依

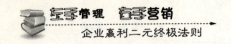

托，企业要取得长足发展就是个很遥远的问题。

2. 为客户提供高质量的服务

在这个服务决定订单的时代，高质量的服务越来越被客户重视。在产品质量不相上下的情况下，谁的服务质量高，谁就会拥有更多客户，谁就能留住更多老客户。

尤其是在越来越注重消费感觉的今天，客户们的购买行为除了要求满足自己的实用需求外，他们越来越注重精神上的满足和期望，而这种满足必须通过个性化的服务才能达到。

因此，积极地寻求用高质量的服务留住企业优质客户是企业必须要做足的功课。当然，企业在为客户提供服务时，最基本的就是要考虑不同客户的感受和期望，使他们对产品的评价上转换到对服务质量的评价上。

3. 加强与客户的信息沟通，最重要的是做好信息的上传下达

一方面，要及时地收集客户的信息，传达好客户的要求、意见。另一方面，要把企业对客户的意见和建议及时地传达给客户，尤其是多给客户提一些在管理上的缺陷，以及你对客户所在市场的见解和观点，让客户接受你的思维，使其能够在更全面的思考之下做出更好的市场决策。

当然，企业在给出客户意见时，要掌握好"度"，只给其一定的意见参考即可，不要掺杂业务以外的其他内容，否则会影响客户关系。

4. 保证给出企业的策略能够落地执行

要想真正留住老客户群体，良好的策略与执行力缺一不可。很多企业都能为客户提出不错的策略，大多数却因为客户缺少相应的执行力而失败。

任何一个成功的企业，除了靠策略，更重要的是要靠企业各级管理者

的执行力！所以，为确保给客户制定的策略有价值，企业必须同时确认客户方是否有足够的条件来执行这个策略，一切好的策略都是在执行中变得明确起来。

当然，企业还需要认识到，不光客户方要有强大的执行力，企业本身也需要强大的执行力。一个企业有良好的执行力，才会优于同行其他企业，客户才会更愿意死心塌地地跟随这样的企业一起成长。

在吸引新客户时，企业可利用以下方法：第一，进行全面的市场调查，收集客户名单；第二，多组织销售活动，可以以抽奖的形式，收集相关客户名单；第三，利用连锁介绍法，在做好老客户服务的同时，寻求转介绍等。

总之，留住了老客户，并不断吸引新客户，企业才会拥有双剑合璧的力量，才能具备最大竞争力，达到企业的预期销售目标。

构建客户忠诚模式及应用

企业为什么要不断强调客户忠诚？因为客户忠诚度是企业利润的主要来源。有人做过一项统计：客户忠诚度下降5%，企业利润就会下降25%；企业每年约60%的新客户来自现有客户的推荐，如果现有客户的忠诚度足够高，那么企业每年的新增客户率就会保持在60%左右；如果一个企业每年的客户关系保持率能增加5个百分点，那么，企业的利润就可能增长85%……

还有很多经济学家调查了世界500强企业，他们发现忠诚的客户不但能重复购买产品和服务，还能为企业节省大量广告宣传费用，因为他们喜欢把好的产品推荐给自己的亲友，也就是说，这些忠诚的顾客不但是顾客，还会成为企业兼职的营销人员。

可见，客户忠诚能给企业带来长期贡献，从而实现企业长期的利润增

长和回报。企业构建客户忠诚模式的根本目标就是不断提高客户份额，增加客户的贡献率。

那么，企业如何构建自己的客户忠诚模式呢？换句话说，企业构建自己的客户忠诚模式有哪些方法呢？

客户忠诚模式的构建有多种类型，最为典型的有四种：独立积分模式、多企业合作联盟模式、认同卡和联名卡模式和会员俱乐部模式。

1. 独立积分模式

独立积分模式一般来说是指企业为刺激客户的推荐行为及消费忠诚，而向客户提供一定的积分奖励，在以后一定时间和区间之内，企业根据客户累积的消费积分的不同额度，向消费者提供相应奖励或回馈行为模式。独立积分模式是一种典型的保持客户忠诚度的模式，且这种模式适用于刺激重复消费行为，所以，这种模式应用十分广泛。

当然，应用广泛，并不代表万能，独立积分模式并不是适合于所有企业，从本质来说，它是一种消费折扣。一般来说，独立积分模式比较适合于客户多次购买、重复交易或者是持续购买延伸服务的企业。在生活中，我们最常见的就是零售企业对这种模式的运用，比如在一些超市、连锁店或者百货店发放给顾客的不同形式的消费折扣卡或者积分卡都属于独立积分模式中的一种。

独立积分模式要取得成功，其关键取决于两点：一是企业要做好积分成本的控制；二是积分回馈的门槛要设置得相对合理。

（1）企业要做好积分成本的控制

积分成本的控制是独立积分模式取得成功的关键环节。对于那些利润率不高、产品价值本身不高的企业来说，过高的积分成本往往是他们难以克服的问题。有很多企业在实践并应用独立积分模式的过程中，因为过高的积分成本，使他们陷入一种长期难以为继的困境中。

（2）积分回馈的门槛设置

很多企业为了控制回馈成本，将积分回馈的门槛设置得很高，为了拿到回馈奖励，客户要努力很久。这种做法虽然看似控制了积分成本，但对客户而言却失去了吸引力，因为回馈门槛实在太高了，客户根本看不到希望。所以，他们宁愿放弃这些奖品。因此，积分回馈的门槛设置一定要适度，既要考虑到成本，不能设置得太低；又要考虑消费者的感受，不能设置得过高。

2. 多企业合作联盟模式

多企业合作联盟模式通常是指企业与其他合作伙伴共同建立的忠诚计划，加入该忠诚计划的客户就可以在联盟成员企业内享受消费利益和各项服务，从而获得相应奖励回馈的一种模式。与独立积分模式相比，合作联盟模式在维护客户的忠诚度上更有效。一方面，因为是多个企业合作，不同企业可以为消费者提供不同的服务，这就扩大了服务形式的丰富性，对客户的吸引力也会变大；另一方面，合作联盟模式，可以使客户获得回馈性奖励的周期缩短，让客户在较短时间内获得意外惊喜。如果有条件，企业可运用合作联盟模式，来不断增加客户的忠诚度。

当然，如果企业的目标客户基数不大，企业就没必要运用合作联盟的模式，推出独立积分计划比较合适。

3. 认同卡和联名卡模式

认同卡是指一定的非赢利团体与银行合作共同发行的一种信用卡。持卡人主要是该非赢利团体的成员，当他们用认同卡进行消费时，发卡银行要从收入中拿出一定的百分比提成给该团体作为活动经费。

联名卡是指非金融界的赢利性公司与银行合作共同发行的一种信用卡，其最主要目的是增加公司传统的销售业务总量。

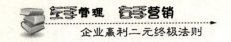
在市场越来越细分的今天，很多企业开始有目的地针对有一定特殊共性的消费群体来设计品牌，在这种情况下，企业若采用认同卡和联名卡的模式，能有效提高信用卡签约单位和发行单位的顾客忠诚度。

4. 会员俱乐部模式

在很多行业，会员俱乐部模式都被广泛应用。会员俱乐部作为构建客户忠诚模式的一种相对高级的形式，重点强调的是"客户关怀"。

与进行单个客户的忠诚度维护相比，会员俱乐部模式有自己的组织，企业顾客群非常集中，便利了企业与客户间进行更深入的交流沟通，从而赋予了忠诚计划更多情感因素，在维系客户关系上起到更有效的作用。

当然，企业构建客户忠诚模式说白了就是利用一切可能的机会对客户进行情感关怀，任何一种忠诚模式都是可以被企业的竞争对手模仿的，而唯一不能模仿就是企业长期积累下的感情。

营销增值是企业的永动机

在市场竞争加剧的环境下，如何留住顾客，让人"流"变成人"留"，已成为所有企业最关心的问题。

那么，如何才能真正留住顾客呢？很重要的一点就是企业要做好营销增值工作。就像有位著名的企业家说的那样，只有做好了营销增值工作，企业才具备了发展的永动力。

什么才是营销增值呢？

我们知道，在竞争越来越激烈的今天，企业之间竞争早已不是单纯的产品竞争，一个企业要不断胜出，企业经营者就必须要懂得使自己的产品保持差异化，必须懂得为自己的产品创造附加值，不是让客户感觉物有所值，而是让客户感觉到物超所值。

那么，企业该如何做好营销增值工作呢？

要做好企业营销增值工作，企业首先要明白今天消费者所需求的产品价值所包含的意义和内容。

营销承载着产品的价值，但在今天，营销所承载的这个价值早已发生了根本性变化。以前，消费者也有自己的价值构成，不过这个价值一大半是物质的，一小半才是精神的。比如，在以前，我们吃饭，吃饱的目的可能占了70%，至于吃得有营养、吃得愉快或许只占了30%。但现在可不一样，吃饱已不再是问题，吃饱这个因素可能只占30%，而我们吃的美不美，食物的味道正不正，餐厅环境好不好，是不是能让我们在面子上过得去，这占了70%。这就是今天消费者眼中的产品价值。概括来说，过去的产品价值基本上等同于产品实用价值，而今天的产品价值＝产品主体价值（实用价值）＋产品附加值，尤其是在同质化的今天，当产品的主要功能、成分、用途、工艺趋向都大同小异时，为了体现出产品的价值，我们必须要在附加值上进行有效提升，完全可以说，谁的产品附加值工作做得好，谁就会超越对手。谁能让消费者感觉到物超所值，谁就能获得更高的、更持久的利润回报和市场占有率。

明白了产品价值所包含的真正含义外，要做好营销增值工作，我们可以从以下几个方面入手。

1. 走品牌化之路

为什么消费者都青睐品牌，甚至不惜以高价购买品牌？其中最主要的因素是因为品牌在质量上有保证。

我们可以观察到，世界上那些久负盛誉的品牌，无一不在质量上精益求精，甚至达到苛刻的地步。比如，一双Lucehese牌女靴，其标价可能高达1500美元，高得超出人们的想象，可你知道这样一双皮靴是怎么做出来的吗？

从用料来说，Lucehese 女靴的材质非常考究，全部采用 1 岁半左右小牛的肩胛部分，一双靴子几乎要消耗数张整牛皮。其制造过程更是超乎想象，整个过程全部采用手工缝制，其精细程度无法形容。正是因为从选材到制作的无比精细，才保证了产品的高质量和高品质，当人们面对这样的产品时，就不会再对其标价感到吃惊，相反，一种货真价实之感会油然而生。

2. 打造一支一流的营销团队

要想实现营销增值，就必须有一支一流的营销团队做支撑。再好的产品，再高的产品价值都需要靠营销功力来发现和实现，所以，要实现销售，除了拥有一流的产品，还要有一流的销售队伍。

俗话说一流的产品若遭遇三流的团队，企业会生不如死，产品的价值也将会折损；一流的产品交给二流的团队，销售业绩不过刚刚及格，不过产品的价值还是会被打折扣；一流的产品只有交给一流的团队，销售高手才能操持它，让产品的价值光芒喷薄而出。所以说，不同功力的营销团队带来的是产品销量和产品价值体现上的重量级差异。

3. 具备一流的营销策略

有一流的产品、一流的团队，要想使营销增值，还需要一流的营销策略。

营销策略决定了产品的价值焕发度。这就像是经纪人与明星的关系，当明星还没有彻底成为大红大紫的明星时，这就要靠经纪人精心的包装和充满创意的打造，并且在其成长的过程中，经纪人还要不断地调教、提升，不断给予监督，只有这样才能使其成为真正的不折不扣的大明星。而好的营销策略就是为产品和品牌造势的有力武器，它也是产品价值开发和增值的有力武器，企业制定出好的营销策略，可以让产品更有价值和更具神采。

4. 做好各方面附加值提升工作

企业必须不断提升产品的附加值，不断为客户带来更多更有效的价值，只有这样，才会不断得到消费者持久的青睐和喜欢。

提升产品的附加值，可以从以下几个方面入手：提升产品的服务附加值、产品的情感附加值、形象附加值、文化附加值、解决方案附加值等。

总之，企业必须不断针对自身的产品和资源有创造性地提升附加值，在附加值上下的功夫越大，其收益就越大。